Longman
Audio-Visual Fren[ch]

Stage A2

S. Moore B A

A. L. Antrobus M A

Longman

Longman Group Limited
London

Associated companies,
branches and representatives
throughout the world

© Longman Group Limited 1973

All rights reserved. No part of this
publication may be reproduced, stored
in a retrieval system, or transmitted in
any form or by any means, electronic,
mechanical, photocopying, recording,
or otherwise, without the prior
permission of the Copyright owner.

First published 1973
Fifth impression 1976
ISBN 0 582 36107 9

Printed in Hong Kong by
Sheck Wah Tong Printing Press

Acknowledgements

P. 10 Jean Ribière; p. 11 (left) Jean Ribière; (centre) Agence Rapho (2); (right) Documentation française; p. 16 Henry Grant; p. 17 Jean Ribière; p. 22 (top) E. Pryor; (bottom) Henry Grant; p. 23 S. G. S. Associates; p. 35 Henry Grant (3); (centre right) Sidney Moore; (centre left) A. L. Antrobus; p. 41 Jean Ribière; p. 46 Agence Rapho p. 47 (left) Agence Rapho; (right) Jean Ribière; (bottom) Sidney Moore; p. 52 H. Roger-Viollet; p. 53 (top) Documentation Française (2); (centre) Jean Ribière; (bottom) Agence Rapho; p. 58 Agence Rapho; p. 59 Henry Grant (2); Jean Ribière (2); Agence Rapho; H. Roger-Viollet; Documentation Française; p. 65 (top and bottom) Jean Ribière; (centre) Henry Grant; p. 70 (left) Agence Rapho; (right) Documentation française; p. 71 Rapho; Henry Grant (2); Roland Lesueur (2); p. 77 Photo Ciccione; S. G. S. Associates; p. 82 Documentation française; p. 83 (left, Jean Ribière; (right) Documentation française; p. 88 Jean Ribière; p. 89 Rapho (3); Andrew Tweedie; Jean Ribière; p. 89 H. Roger-Viollet; p. 94 Jean Ribière; p. 95 (top left) S. Moore; (centre left) A. L. Antrobus: (bottom left) S. Moore; (centre right) Henry Grant; (bottom right) E. Pryor; p. 106 Henry Grant; p. 107 (top) Agence Rapho; (centre top) Radio Times Hulton Picture Library; (centre bottom) Jean Ribière; (right) Cowderoy and Moss; p. 113 French Government Tourist Office; p. 119 (top left) Henry Grant; Sidney Moore (3); p. 124 Jean Ribière; p. 125 (middle right) Swiss National Tourist Office; (bottom right) Henry Grant; (middle left) French Government Tourist Office; (top) French Embassy; (bottom left) Italian State Tourist Office.

DRAWINGS
William Burnard

DESIGN
Gillian Riley

Table des matières

1. À LA FOIRE — 6
    mettre
    Lecture CHEZ LES MOREL — 10
    LES SAISONS DE L'ANNÉE — 11
    Poème LE BROUILLARD — 11

2. AVANT LA RENTRÉE — 12
    prendre
    direct object pronouns *le la les*
    Lecture LA RENTRÉE — 16
    QUELLE DATE SOMMES-NOUS? — 17
    Composition UN OBJET MYSTÉRIEUX — 17

3. CLAUDETTE PRÉPARE LE DÉJEUNER — 18
    direct object pronouns *me te nous vous*
    demonstrative adjectives with *-ci, -là*
    Lecture M. MARSAUD AIDE SA FEMME — 22
    Poème DIDON — 22
    ON ACHÈTE DES MEUBLES — 23
    Recette UNE OMELETTE ESPAGNOLE — 23

4. EN ROUTE POUR LE THÉÂTRE — 24
    partir sortir ouvrir
    depuis; venir de
    Composition AU SUPERMARCHÉ — 28
    ON S'AMUSE BIEN — 29

5. ON VA EN VILLE — 30
    the perfect tense of regular verbs
    connaître; offrir
    Lecture AU CLUB — 34
    LES MOTS CROISÉS — 34
    AU MARCHÉ — 35

6. LA SURPRISE-PARTIE — 36
    vouloir devoir pouvoir savoir
    Composition UN CADEAU POUR ROBERT — 40
    BIENVENUE! — 41

7. AU CAFÉ — 42
    boire écrire lire
    negative adverbs
    Lecture M. LAFAYETTE VA AU CAFÉ — 46
    À LA POSTE — 47
    Poème LE FACTEUR RURAL — 47

8. LE PROFESSEUR DISTRAIT — 48
    the perfect tense with preceding direct object
    y en with the perfect tense
    irregular past participles
    Composition DIMANCHE APRÈS-MIDI — 52
    AU BUREAU DES OBJETS TROUVÉS — 53

9. LA BATAILLE 54
    the perfect tense with preceding
        direct object
    personne as the subject
    Lecture UNE PROMENADE EN VOITURE 58
    LES MOTS CROISÉS 58
    LES SPORTS ET DIVERTISSEMENTS 59

10. LE MATCH 60
    the perfect tense with *être*
    Composition À L'ATTAQUE 64
    EN VILLE 65

11. UN ACCIDENT 66
    indirect object pronouns
    emphatic pronouns
    Lecture LES AGENTS ET LES GENDARMES 70
    ON TRAVAILLE 71

12. LA VISITE D'HENRI GAUTIER 72
    the perfect tense of reflexive verbs
    dormir
    Composition M. LAFAYETTE SE TROMPE 76
    LA MACHINE CHEZ NOUS 77

13. EN ROUTE POUR LA BANQUE 78
    qui que
    Lecture EN VOITURE AVEC M. MARSAUD 82
    À LA BANQUE 83

14. LES MARSAUD FONT DES ACHATS 84
    comparative forms of adjectives
        and adverbs
    demonstrative pronouns
    lequel?
    Composition EN ROUTE AVEC MME
        MARSAUD 88
    QU'EST-CE QU'ON FAIT LE SAMEDI? 89

15. SOUS LA TENTE 90
    the order of pronouns
    Lecture LA PETITE BRIGITTE 94
    AU CAMPING 95

16. AU VOLEUR! 96
    the imperfect tense
    Composition JEAN-PAUL, CHEF DE
        CUISINE 100
    À LA CAMPAGNE 101

17. MARIE-FRANCE PART EN VACANCES 102
    the imperfect tense (continued)
    Lecture LE PIQUE-NIQUE 106
    LES MOTS CROISÉS 106
    EN VÉLO 107

18. VERS LE MIDI 108
    the future tense
    Composition LES VOLEURS DE POMMES 112
    ON PART 113

19. À PARIS 114
    the future tense (continued)
    Lecture MARIE-FRANCE S'AMUSE 118
    PROMENADES DANS PARIS 119

20. LES MARSAUD EN VACANCES 120
    quand with the future tense
    si with the present tense
    Composition UN WEEKEND À PARIS 124
    EN VACANCES! 125
    Chansons MALBROUGH 126
        V'LÀ L'BON VENT 126
        À LA CLAIRE FONTAINE 127
        MEUNIER, TU DORS 127
        LE BON ROI DAGOBERT 128
        AUPRÈS DE MA BLONDE 129
        MAUDIT SOIS-TU CARILLONNEUR 129
    GRAMMAR SUMMARY 130
    VERB TABLES 135
    VOCABULARY 139

1 À la foire

Bonjour, tout le monde! Nous sommes toujours en vacances, Jean-Paul et moi. Voici Jean-Paul au bord d'un lac, avec ses amis.

Pendant les grandes vacances, les garçons passent beaucoup de temps à la campagne. Ils y vont en vélo ou à pied. Quelquefois, ils font des pique-niques au bord du lac.

En ce moment, Jean-Paul, Henri et Pierre se reposent sous un grand arbre. Ils sont à l'ombre, donc ils ont bientôt froid.

A

1  2  3

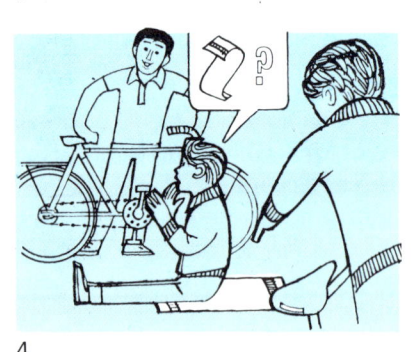

4  5  6

[1] Jean-Paul met sa chemise et Pierre va mettre son chandail. [2] Maintenant, il est quatre heures. Henri met son blouson. [3] «Il va peut-être pleuvoir», dit-il. «Rentrons.» [4] Jean-Paul et Pierre sont déjà prêts, mais Henri ne trouve pas sa serviette. L'idiot, il est assis dessus! [5] Enfin, les amis se mettent en route vers le village, où ils vont acheter des glaces. [6] Là, Henri entend de la musique. «Tiens, c'est une foire!» dit-il.

Répondez s'il vous plaît

Regardez les images 1–6

1. Où sont les garçons?
   Qui met sa chemise?
2. Qui n'a pas de chandail?
   Quelle heure est-il?
3. Quel temps va-t-il faire?
   Qu'est-ce que les garçons vont faire?
4. Qui est déjà prêt?
   Où est la serviette d'Henri?
5. Qu'est-ce que les garçons vont acheter?
   Où est-ce qu'on vend des glaces?
6. D'où vient la musique?
   Qu'y a-t-il derrière l'église?

B

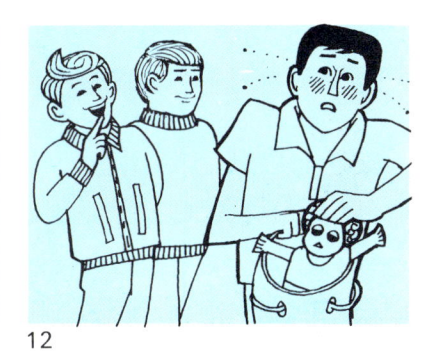

7 8 9

10 11 12

[7] Les amis décident de passer une heure à la foire. [8] «Mettons tout notre argent ensemble», dit Pierre. «Ça fait trois francs pour chacun.»

[9] À la foire, Pierre et Henri vont monter sur le manège, mais Jean-Paul préfère les petites voitures. [10] Puis, il va au tir. Là, il essaie de gagner un appareil-photo. [11] Il met trois balles dans le noir. «Bravo, jeune homme», dit l'employé. «Vous gagnez cette poupée magnifique!» [12] Vite, Jean-Paul essaie de cacher la poupée. Trop tard! «Tu joues avec des poupées, Jean-Paul?» crie Henri.

Répondez encore une fois
Regardez les images 7–12

7. À quelle heure vont-ils à la foire?
   À quelle heure vont-ils rentrer?
8. Combien d'argent ont-ils?
   Ça fait combien pour chacun?
9. Qui va monter sur le manège?
   Qu'est-ce que Jean-Paul préfère?
10. Où est Jean-Paul maintenant?
    Qu'est-ce qu'il essaie de gagner?
11. Comment est-ce que Jean-Paul tire?
    Qu'est-ce qu'il gagne?
12. Qu'est-ce que Jean-Paul essaie de cacher?
    Qui voit la poupée?

Conversations

1. Vers la fin de l'après-midi

PIERRE — Quelle heure est-il? Moi, je commence à avoir faim.
JEAN-PAUL — Zut! Il est presque quatre heures.
HENRI — Il fait du vent. Moi, je commence à avoir froid.
JEAN-PAUL — Mets donc ton chandail!
HENRI — Je n'en ai pas. Je mets mon blouson.

   a. Qui commence à avoir faim?
   b. Qui commence à avoir froid?
   c. Pourquoi Henri ne met-il pas son chandail?

2. En route pour la maison

HENRI — Ouf, maintenant je n'ai plus froid! Il fait de nouveau chaud.
JEAN-PAUL — Moi, j'ai soif. Arrêtons-nous au village pour acheter une glace.
HENRI — D'accord! Il y a un magasin à côté de l'église.
PIERRE — Bon, mettons les vélos sous cet arbre.

   a. Qui s'arrête?
   b. Pour quoi faire?
   c. Où est-ce que les garçons mettent les vélos?

3. Jean-Paul gagne un prix magnifique!

HENRI — Voilà Jean-Paul! Il met quelque chose dans son sac.
PIERRE — Hé, Jean-Paul! Qu'est-ce que tu essaies de cacher?
JEAN-PAUL — Euh... rien. C'est un cadeau pour Claudette.
HENRI — Mais c'est une poupée! Tu joues avec des poupées, Jean-Paul?

   a. Qu'est-ce que Jean-Paul essaie de faire?
   b. Pour qui est la poupée?
   c. Où est-ce que Jean-Paul cache la poupée?

4. Imaginez la conversation des garçons

   a. Comment sont les glaces?
   b. Qu'est-ce qu'Henri entend?
   c. Qu'est-ce que Pierre voit?
   d. Où sont les tentes?
   e. Qu'est-ce que Jean-Paul propose?

Pratique

Modèle A

METTRE = to put (on)
(*voir à la page 138*)

Jean-Paul Pierre Henri	met	sa chemise son chandail ses chaussures
Pierre et Henri	mettent	leurs vêtements

Exercice 1

Qu'est-ce que Jean-Paul met?

exemple

Il met son chandail.

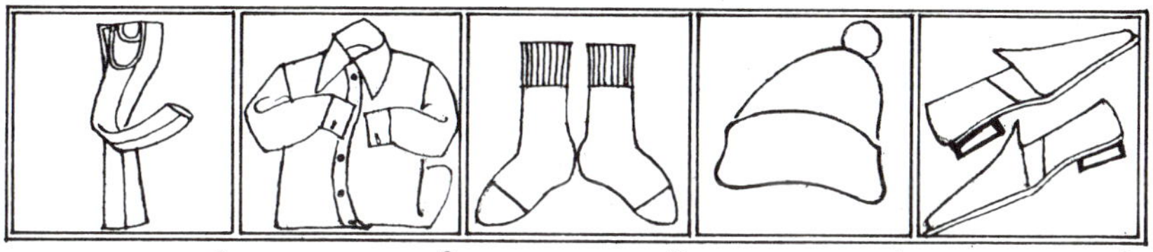

Exercice 2

Qu'est-ce que Pierre et Henri mettent?

exemple

Ils mettent leur blouson.

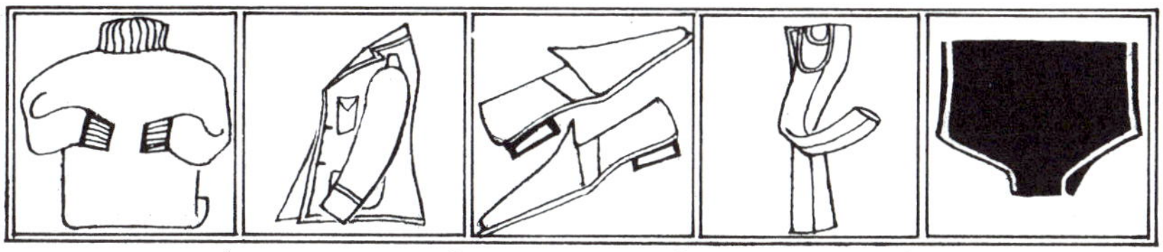

Exercice 3

a. Et maintenant, dites à Jean-Paul de mettre ses vêtements. Dites pourquoi.

b. Qu'est-ce que Jean-Paul répond?

exemple Jean-Paul, mets ton chandail!
      Il fait froid.

exemple Oh, j'ai froid, moi! Je vais mettre mon chandail.

Voici des phrases pour vous aider :

| il est tard   nous sommes en retard   on va nager   il fait chaud |

Modèle B

je tu	mets	les affaires dans le sac l'argent sur la table
nous	mettons	une lettre à la poste
vous	mettez	des vêtements neufs

Exercice 4

1. Qu'est-ce qu'on met quand on a froid? ▶

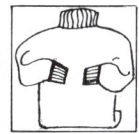

2. Qu'est-ce que tu mets avant de te coucher? ▶

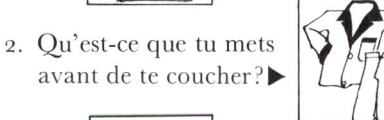

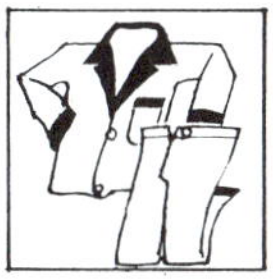

3. Où mettons-nous les provisions? ▶

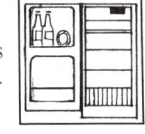

4. À quelle heure Henri met-il son blouson? ▶

5. Qui va mettre la lettre à la poste? ▶

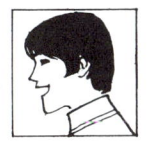

6. Qu'est-ce que Marie-France va mettre ce soir? ▶

7. Qu'est-ce que M. Lucas met dans le panier? ▶

8. Quand est-ce qu'on met un maillot de bain? ▶

Chez les Morel

À la foire, les garçons rencontrent un ami. C'est Alain Morel. Alain habite au village et il invite ses amis à goûter chez lui. Les garçons sont tous d'accord, surtout Jean-Paul, qui a faim, comme toujours. Ils quittent la foire et vont chez Alain.

La maison des Morel est très belle. Elle se trouve à côté de l'église, derrière la place. C'est une vieille maison avec un grand jardin. Le père d'Alain est l'épicier du village. Il travaille dans son magasin, quand les garçons arrivent.

La mère d'Alain prépare un bon goûter pour les garçons, une tasse de chocolat avec des gâteaux. Après le goûter, ils vont jouer au football dans le champ à côté de la maison.

Enfin, à sept heures et demie, il est temps de rentrer pour le dîner. Les garçons disent au revoir à Alain et à ses parents. Jean-Paul a une bonne idée; il donne sa poupée à Annette, la petite sœur d'Alain. Elle est très contente de son cadeau.

Aujourd'hui, c'est jour de fête.

Conversations

A. Alain invite ses amis à rentrer chez lui. Voici des mots et des phrases utiles:

> Pourquoi pas?   Moi, je veux bien   On a tout le temps
> D'accord!   On va passer ... chez Alain

B. Pierre téléphone à sa mère pour lui dire qu'il ne va pas rentrer tout de suite, parce que tout le monde va goûter chez Alain. Ensuite, les garçons vont jouer au football. Sa mère lui demande à quelle heure il va rentrer.

C. Jean-Paul donne la poupée à Annette, qui aime bien les poupées. Jean-Paul préfère les appareils – et le football!

Dessinez une carte du village où Michel habite.

N'oubliez pas l'église, le café, l'épicerie, le lac.

Posez des questions à votre voisin au sujet de la carte.

exemple Où se trouve la maison de Michel?   Vois-tu l'église?
Qu'est-ce qui se trouve à gauche du café?

Ensuite, écrivez quelques phrases au sujet de la carte de votre voisin.

RÉVISION: VERBES RÉGULIERS EN –ER (*voir à la page 135*)

EXTRA

Exercice 5

Posez des questions à vos voisins, en employant ces verbes:

> trouver   cacher   porter   arriver   gagner   donner   rencontrer   jouer

exemple Qui est-ce que les garçons rencontrent au village?

Exercice 6

Qu'est-ce que Jean-Paul essaie de gagner?

ESSAYER DE = to try to (*voir à la page 136*)

LES SAISONS DE L'ANNÉE

D'abord, c'est le printemps.
Au printemps, il fait beau—quelquefois!
Mais il fait souvent du vent.

Bientôt, c'est l'été.
En été, il fait chaud, le
soleil brille . . . peut-être.

Et puis c'est l'automne.
En automne, il pleut souvent, et
il y a des brouillards.
Il commence à faire froid, surtout
la nuit.

Enfin, c'est l'hiver.
En hiver, il fait froid,
il neige, il gèle.

Le brouillard

Le brouillard a tout mis
Dans son sac de coton;
Le brouillard a tout pris
Autour de ma maison.

Plus de fleurs au jardin,
Plus d'arbres dans l'allée;
La serre du voisin
Semble s'être envolée.

Et je ne sais vraiment
Où peut s'être posé
Le moineau que j'entends
Si tristement crier.

MAURICE CARÊME

Jean-Paul te parle

Jean-Paul te pose des questions au sujet des saisons de l'année et du temps qu'il fait.

Quelle saison de l'année préfères-tu? Pourquoi?
Vrai ou faux?   Il fait toujours chaud en été.
Il gèle quelquefois en hiver.
Il y a des brouillards pendant l'automne.
Est-ce qu'il pleut souvent?
Que fais-tu quand il pleut?

À toi maintenant!

Pose des questions à tes copains.
exemple
Est-ce que tu aimes le printemps?

Pourquoi pas donner la météo pour aujourd'hui? Voici des expressions utiles:

Il va peut-être . . .	bientôt
Il commence à . . .	déjà
souvent toujours	quelquefois
ne . . . plus	de nouveau . . .

À Tourville, où Jean-Paul et Claudette et leurs amis habitent, il y a un nouveau club, dans une vieille ferme près de la ville. Les jeunes vont passer beaucoup de temps au club.

Bonjour, je suis Marc Gillot. Je suis le directeur du Club des Quatre Saisons. J'invite tous les jeunes âgés de douze à seize ans à s'inscrire. On va s'amuser bien!

2 Avant la rentrée

En France, les vacances scolaires sont assez longues. En été, elles commencent en juillet et finissent vers la fin de septembre. Aujourd'hui, c'est déjà le dix-sept septembre, presque la fin des grandes vacances.

Claudette et Jean-Paul passent la matinée en ville. Ils font des achats pour la rentrée. Ils achètent des cahiers, des livres, des crayons. Ils mettent tous leurs achats dans un panier. En ce moment, Claudette passe le panier à Jean-Paul. C'est un grand paresseux! Lui, il n'aime pas du tout travailler.

A

1 2 3
4 5 6

[1] Claudette est déjà très fatiguée. Jean-Paul prend le panier. «Oh, que c'est lourd», dit-il, [2] et il le laisse tomber sur le trottoir. «Voilà un café», dit Claudette. «Allons prendre quelque chose.» [3] «Hé, Claudette, Jean-Paul!» Quelqu'un les appelle. C'est Pierre. Il est en ville avec Hélène. [4] Pierre et Hélène traversent la rue, [5] et les quatre amis vont s'asseoir à la terrasse du café. [6] Pierre appelle le garçon. C'est leur ami Michel.

Répondez s'il vous plaît
Regardez les images 1–6

1. Comment est le panier?
   Qui le porte maintenant?
2. Où est-ce que Jean-Paul le laisse tomber?
   Qu'est-ce que les enfants vont faire?
3. Qui les appelle?
   Qui est avec Pierre?
4. Combien d'enfants y a-t-il?
   Qui traverse la rue?
5. Où est-ce que les amis vont s'asseoir?
   Pour quoi faire?
6. Qui est-ce que Pierre appelle?
   Qui est-ce?

B

7
8
9
10
11
12

[7] «Eh bien, messieurs-dames. Qu'est-ce que vous prenez?» demande Michel. Claudette prend une glace, Jean-Paul prend une limonade, et les autres prennent un chocolat glacé. [8] «Michel, tu prends quelque chose?» demande Jean-Paul. Mais Michel ne prend rien quand il travaille.
 [9] Le panier est sur la table. Jean-Paul le prend pour le mettre par terre. [10] Michel arrive avec les boissons. C'est Hélène qui va les payer.
 [11] Alors, Hélène remarque dans la rue la voiture de M. Lafayette.
 [12] Quand M. Lafayette arrive, un agent l'attend, car il est défendu de stationner dans cette rue!

**Répondez
encore une fois**
Regardez les images 7–12

7. Qu'est-ce que Claudette prend?
 Qu'est-ce que Pierre et Hélène prennent?
8. Est-ce que Michel prend quelque chose?
 Quand est-ce qu'il ne prend rien?
9. Où est le panier?
 Où est-ce que Jean-Paul va le mettre?
10. Qu'est-ce que Pierre prend?
 Qui va payer?
11. Qu'est-ce qu'Hélène remarque dans la rue?
 À qui est la voiture?
12. Qui arrive à ce moment-là?
 Qui l'attend?

⊙ Conversations

1. Les quatre copains vont s'asseoir à la terrasse

JEAN-PAUL   Voilà une table libre, là-bas, à gauche.
CLAUDETTE   Oh non, je préfère cette table-là, à droite. Elle est à l'ombre.
HÉLÈNE   Où ça? Ah oui, je la vois. D'accord, mettons-nous là.
PIERRE   Voilà le garçon. Je vais l'appeler. Garçon, s'il vous plaît!
JEAN-PAUL   Mais regardez donc le garçon! Regardez-le, vous autres.
PIERRE   Tiens, c'est Michel!

    a. Pourquoi Claudette préfère-t-elle la table à droite?
    b. Où est-ce que les amis s'asseyent?
    c. Pourquoi regardent-ils le garçon?

2. On commande des boissons

MICHEL   Eh bien, messieurs-dames. Qu'est-ce que vous prenez?
CLAUDETTE   Moi, je prends une glace au chocolat.
JEAN-PAUL   Et moi, je prends une limonade.
PIERRE   Hélène et moi, nous prenons un chocolat glacé.

    a. Qu'est-ce que Jean-Paul prend?
    b. Qui prend un chocolat glacé?
    c. Qui prend une glace au chocolat?

3. Défense de stationner!

HÉLÈNE   Regarde cette voiture là-bas, Claudette. La vois-tu?
CLAUDETTE   Oui, je la vois. C'est la voiture de M. Lafayette.
PIERRE   C'est ça. Mais voyez-vous ce panneau derrière la voiture?
JEAN-PAUL   Moi, je le vois. «Défense de stationner.» Oh, là, là!
CLAUDETTE   Et voici M. Lafayette qui arrive!

    a. Qu'est-ce que Claudette voit?
    b. Où est le panneau?
    c. Qui le voit?

4. Un agent attend M. Lafayette, son carnet à la main

    Imaginez ce que dit M. Lafayette.

L'AGENT   Alors, elle est à vous, cette voiture?
M. LAFAYETTE
L'AGENT   Et que dit ce panneau derrière la voiture?
M. LAFAYETTE
L'AGENT   Eh bien, je vais prendre votre nom et votre adresse, monsieur.
M. LAFAYETTE

Imaginez aussi la conversation des quatre enfants!

Pratique

2

Modèle A
PRENDRE = to take
(*voir à la page 138*)

Jean-Paul l'agent	prend	le panier le nom du professeur
moi, je tu	prends	une glace au chocolat du café?
Hélène et moi, nous	prenons	un chocolat glacé le déjeuner?
vous	prenez	le train de six heures
les gens Marie-France et Brigitte	prennent	

Exercice 1
a. Qu'est-ce que tu prends?
exemple

Moi, je prends une glace.
b. Et Marie-France?
Elle aussi prend une glace.

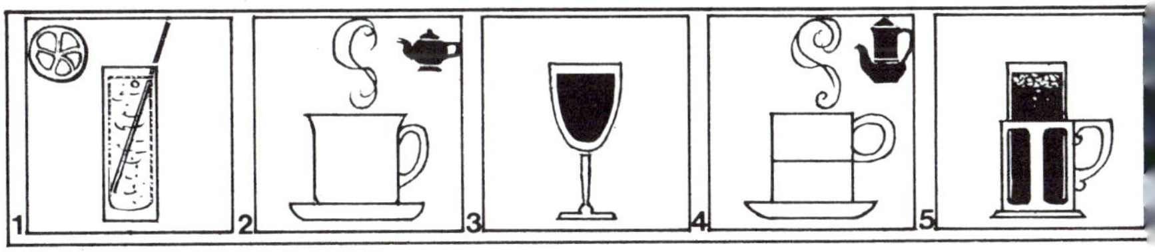

Exercice 2
Faites des phrases en employant ces mots:

est-ce que	les enfants tu vous Pierre et moi	aller prendre ne . . . pas prendre	l'autobus le sac un bain

Modèle B
L'OBJET DIRECT *le, la, les*
(*voir à la page 132*)

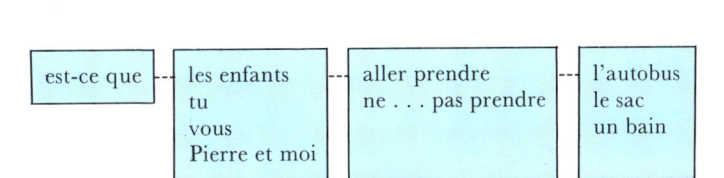

vois-tu est-ce que tu attends	Pierre? l'autobus?	oui, je	le l'	vois attends	le	voilà
	Hélène? la voiture?		la l'		la	
	les garçons? les taxis?		les		les	
	les filles?	non, je ne			pas	

Exercice 3
Qui rencontre le facteur?
exemple Jean-Paul
Jean-Paul le rencontre.

Michel	Hélène	je	vous	les enfants	nous	tu	ils

Exercice 4
Qui cherche la voiture?
exemple M. Lafayette
M. Lafayette la cherche.

Mme Marsaud	l'agent	nous	je	Jean-Paul et Pierre	vous	tu	tout le monde

Exercice 5
Qui paie les glaces?
exemple Michel
Michel les paie.

Marie-France	Claudette	les filles	je	nous	tu	vous	Henri

Exercice 6
exemple

Vois-tu Jean-Paul?
Oui, je le vois. Le voilà.

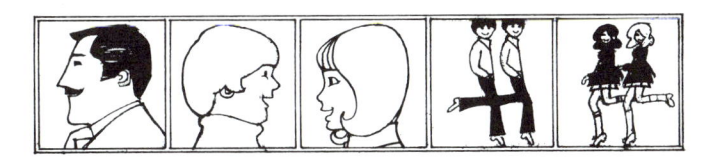

La rentrée

C'est aujourd'hui le jour de la rentrée. Aujourd'hui, les cours recommencent. Jean-Paul se réveille de bonne heure, mais il ne se lève pas. Pendant les vacances, il se lève toujours de bonne heure, mais aujourd'hui, il reste au lit.

Ce matin, Marie-France descend à sept heures. Elle entre dans la cuisine, où sa mère prépare le petit déjeuner.

«Bonjour maman,» dit-elle. «Où est Jean-Paul? D'habitude, il se lève avant moi.»

«C'est le vingt-quatre septembre», répond Mme Marsaud.

«Ah, oui! C'est la rentrée», dit Marie-France. «Jean-Paul est malade, sans doute.»

Le jour de la rentrée, Jean-Paul est toujours malade!

«Lève-toi! Qu'est-ce que tu as? Mal à l'estomac?»

«Non, j'ai mal à la tête. Je vais rester au lit ce matin.»

«C'est le mal de la rentrée», dit Marie-France. «Maman va appeler le médecin.»

«Oh, non!» crie Jean-Paul, «pas besoin de l'appeler!» Et il se lève tout de suite.

Claudette l'attend dans la salle à manger. Elle porte un grand paquet; elle le donne à son frère. Jean-Paul est très content. C'est un cadeau, sans doute. Il prend le paquet et se met à l'ouvrir.

«Qu'est-ce qu'il y a dans le paquet?» demande Claudette. «Est-ce un cadeau?»

«Ce sont des livres», répond Jean-Paul. «Oh, ce sont mes nouveaux livres pour la rentrée. Je suis de nouveau malade!»

À la librairie, on achète des livres.

Conversations
Qu'est-ce qu'ils disent?

A Henri Gautier n'aime pas aller voir ses grands-parents. Il dit qu'il a mal à l'estomac, mais son père va appeler le médecin.

B C'est l'anniversaire de Claudette. Le facteur apporte un grand paquet pour elle. Jean-Paul le prend et le donne à Claudette. Qu'est-ce qu'il y a dans le paquet?

C C'est le jour de la rentrée. À l'école, vous retrouvez tous vos copains.

EXTRA

Modèle C

où est	mon	chandail?	je vais	le	mettre
	ma	chemise?	je ne vais pas	la	
où sont	mes	gants?		les	

Modèle D

où est	Henri?	le	vois-tu?
	Hélène?	la	
où sont	mes affaires?	les	

Modèle E

voici	ton	sac	prends	-le	ne	l'	oublie pas
	ta	serviette		-la		les	
	tes	affaires		-les			

Exercice 7
Remplacez les mots en italique par le, la ou les
exemple
Elle achète *les pommes de terre* au marché.
Elle les achète au marché.

1. Elle achète *les œufs* à l'épicerie.
2. Ils mettent *les livres* dans un panier.
3. Voyez-vous *le grand bateau?*
4. Elle donne *le panier* à son frère.
5. Est-ce que tu vois *Jean-Paul?*
6. Est-ce que tu vois *Hélène?*
7. Le garçon met *la limonade* sur la table.
8. Les enfants appellent *le garçon.*
9. Jean-Paul achète *le stylo;* puis il donne *le stylo* à sa sœur.
10. Mettons *les oranges* dans le panier.
11. Vite, Pierre; prends *la limonade.*
12. Nous allons chercher *le facteur.*
13. Je vais faire *mes devoirs* ce soir.
14. Je ne vois pas *M. Lafayette.*
15. Nous n'aimons pas *le chocolat.*

QUELLE DATE SOMMES-NOUS ? 2

Marc aussi regarde son agenda. Il va organiser le programme du club pour l'année prochaine. En ce moment, il n'y a pas d'activités. Qu'est-ce que vous proposez?

QUELQUES DATES IMPORTANTES
Le quatorze juillet est un jour très important pour les Français. Il y a des fêtes et des foires, on danse dans les rues, on s'amuse bien. Quelles sont les autres dates importantes en France? Le jour de l'an, le jour de la rentrée, bien sûr! Tant pis!

Marie-France regarde son agenda. Qu'est-ce qu'elle va faire cette semaine?

dimanche	pique-nique en famille
lundi	bibliothèque
mardi	tennis avec Françoise
mercredi	cinéma avec Robert
jeudi	prendre un bain
vendredi	T.V. à huit heures
samedi	surprise-partie chez Brigitte
dimanche	danser avec Robert

À toi maintenant!

Quelle est la date de ton anniversaire?
Quand est ta fête?
Quelle est la date de la fête nationale chez toi?
Quelles sont les dates de tes vacances?

Composition : Un objet mystérieux

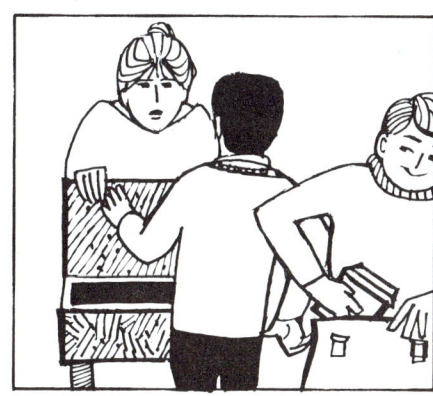

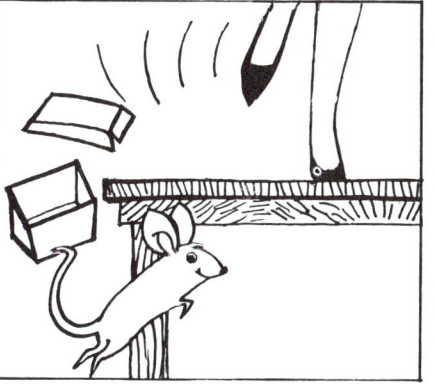

1

2

3

4

5

6

17

3 Claudette prépare le déjeuner

Aujourd'hui, dimanche, maman et papa passent la journée chez grand-père et grand-mère. Mes grands-parents habitent à la campagne, assez loin de Tourville, et mes parents vont les voir chaque mois.

Marie-France aussi est chez des amis aujourd'hui. C'est donc Claudette qui va préparer le déjeuner. Pierre et Hélène viennent déjeuner chez nous. Claudette ne fait pas souvent la cuisine et Hélène va l'aider. Elles cherchent dans le livre de cuisine et elles choisissent un repas simple. Elles vont préparer une omelette espagnole. Pierre joue avec Bruno dans le jardin, mais moi, je préfère aider les filles.

A

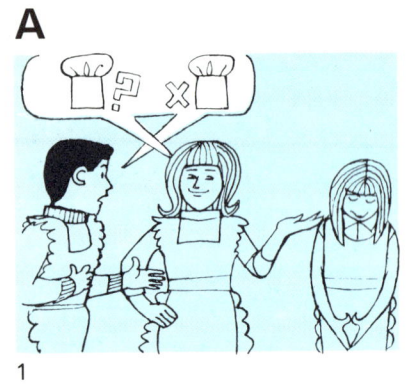

1 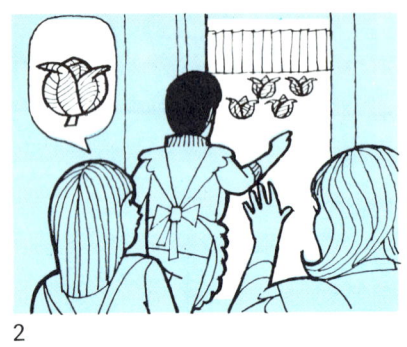 2  3

4  5  6

[1] Jean-Paul décide d'aider les filles. Mais Claudette n'aime pas cette idée. «Tu ne vas pas nous aider, toi,» dit-elle. «C'est Hélène qui m'aide.» [2] Mais Hélène a besoin de salade, et Jean-Paul va en chercher. [3] «Maintenant, je vais vous aider», dit-il, quand il rentre. [4] Pierre arrive, et les garçons décident de préparer des frites. [5] Bientôt il y en a un grand tas sur la table. [6] «Est-ce l'heure du déjeuner?» demande Pierre. «Moi, j'ai faim!» «Allez vous laver», dit Claudette. «Le déjeuner est presque prêt.»

**Répondez
s'il vous plaît**
Regardez les images 1–6

1. Qu'est-ce que Jean-Paul va faire?
   Est-ce que Claudette aime cette idée?
2. De quoi est-ce qu'Hélène a besoin?
   Où va Jean-Paul?
3. Qu'est-ce qu'Hélène va laver?
   Qui aide les filles maintenant?
4. Combien d'œufs y a-t-il?
   Qu'est-ce que les garçons vont faire?
5. Combien de frites y a-t-il?
   Où sont-elles?
6. Qui va se laver?
   Qui a faim?

B

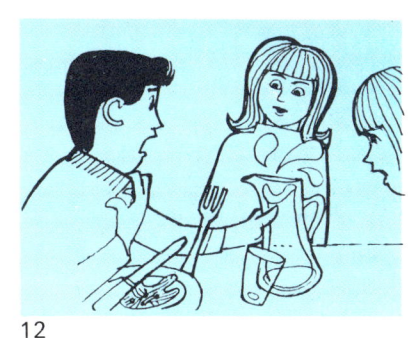

[7] «Pierre, va mettre la table», dit Hélène. «Et dis à Jean-Paul de t'aider.» [8] Pierre entre dans la salle à manger. «Aide-moi à mettre la table. Les filles nous attendent», dit-il. [9] Claudette cherche une nappe dans un tiroir et la donne aux garçons. [10] Pierre est vraiment bête! Il met les couteaux à gauche et les fourchettes à droite! [11] Bientôt, le déjeuner est prêt. Les enfants apportent des bols. «Nous avons besoin d'une cuiller», dit Jean-Paul. «J'en apporte une.» [12] Enfin, les enfants commencent à manger. «Pouah, de l'eau, de l'eau!» crie Jean-Paul. «Elles nous empoisonnent!»

Répondez encore une fois

Regardez les images 7–12

7. Qu'est-ce que Pierre va faire?
   Qui va l'aider?
8. Où est-ce que Pierre entre?
   Qu'est-ce qu'il porte?
9. Où est la nappe?
   Qui va mettre la table?
10. Où est-ce que Pierre met la fourchette?
    Et le couteau?
11. Qu'est-ce que Jean-Paul apporte?
    Et les autres?
12. De quoi est-ce que Jean-Paul a besoin?
    Pourquoi?

Conversations

1. Jean-Paul entre dans la cuisine

JEAN-PAUL   Ah, te voilà, Claudette. Je vais t'aider.
CLAUDETTE   Tiens, comment vas-tu m'aider? Tu es chef de cuisine, hein?
JEAN-PAUL   Non, ni toi non plus. Voilà pourquoi je vais t'aider.
CLAUDETTE   C'est Hélène qui m'aide. Nous n'avons pas besoin de toi.
JEAN-PAUL   Tant pis! Je vais vous aider quand même!

    a. Qui n'a pas besoin de Jean-Paul?
    b. Pourquoi?
    c. Qui n'est pas chef de cuisine?

2. Jean-Paul aide les filles

JEAN-PAUL   Voici la salade. Où est-ce que je la mets?
HÉLÈNE   Donne-la-moi, je vais la laver.
JEAN-PAUL   Claudette, tu as besoin de ces bols-ci?
CLAUDETTE   Oui, donne-les-moi, s'il te plaît.
JEAN-PAUL   Les voilà. Je les mets sur la table. Je t'aide bien, n'est-ce pas?

    a. De quoi Claudette a-t-elle besoin?
    b. Que fait Jean-Paul de la salade?
    c. Que fait-il des bols?

3. On commence à manger

JEAN-PAUL   Mais qu'est-ce que c'est que cet objet brun?
CLAUDETTE   Ça, mon frère, c'est une omelette espagnole. Sers-toi.
JEAN-PAUL   Pouah, de l'eau, de l'eau! Pierre, elles nous empoisonnent!
HÉLÈNE   Jean-Paul, tais-toi! Tu n'as pas besoin d'eau. On ne vous empoisonne pas – c'est bien dommage!

    a. Qu'y a-t-il pour le déjeuner?
    b. Pourquoi Jean-Paul a-t-il besoin d'eau?

4. Les garçons mettent la table

Jean-Paul demande à Claudette s'ils ont besoin de cuillers. Elle répond qu'il y a des glaces pour le dessert et qu'ils ont besoin de quatre petites cuillers. D'abord Jean-Paul ne trouve pas les cuillers. Elles sont dans le tiroir.

C'est Pierre qui met la table. Mais regardez comment il met le couteau et la fourchette! Hélène n'est pas très contente. Pierre est vraiment bête!

Imaginez la conversation des enfants.

Pratique

Modèle A
OBJET DIRECT *me, te, nous, vous*
(*voir à la page 132*)

Pierre, où es-tu?	on	te / t'	cherche attend
me voici		me / m'	? / ?
Pierre et Hélène, où êtes-vous?		vous	
nous voici		nous	?

Exercice 1
Qui me cherche?
exemple
Jean-Paul te cherche.
Il me cherche aussi.

Exercice 2
Où est-ce que tu nous attends?
exemple
Je vous attends à l'église.

Modèle B

| Michel, | attends aide | -moi -nous | ne | me nous | laisse quitte | pas ici pas |

1. Je t'écoute.
2. Je vous quitte.
3. Nous vous attendons.
4. Je te cherche.
5. Nous te laissons ici.

Exercice 3
exemple
Je t'attends.
Ne m'attends pas!

Modèle C

est-ce que tu vas	m' / nous	aider(?) attendre(?)
non, je ne vais pas	t' / vous	

Exercice 4
exemple
Jean-Paul, aide-moi.
Oui, je vais t'aider.

1. Claudette, attends-moi.
2. Pierre, écoute-moi.
3. Jean-Paul et Henri, regardez-moi.
4. Marie-France, aide-nous.
5. Hélène, quitte-nous.

Exercice 5
Inventez des phrases en employant ces mots :

| voiture   jupe   chemise   chocolats   livres   disques |

Voici des mots et expressions utiles :

| Vous préférez . . . ?   Est-ce que tu vas mettre . . . ?   choisir   acheter |

Modèle D
CE . . . -CI, CE . . . -LÀ
(*voir à la page 130*)

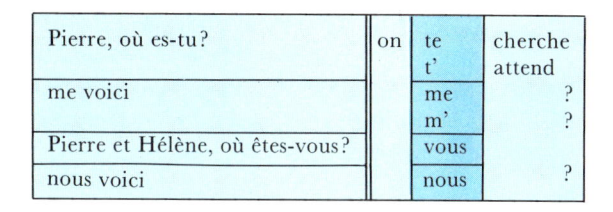

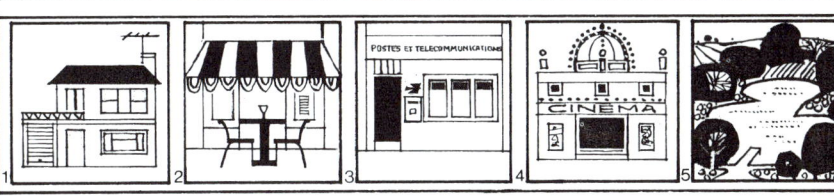

passe-moi	un bol	ce bol	-ci?	non,	ce bol	-là
	une assiette	cette assiette			cette assiette	
	des verres tasses	ces verres tasses			ces verres tasses	

M. Marsaud aide sa femme

M. et Mme Marsaud sont en ville. M. Marsaud achète des chaussures et des chaussettes. Mme Marsaud va acheter des provisions au supermarché.

M. Marsaud n'aime pas faire des achats. Il passe trop de temps en ville, au bureau. Quand il n'est pas au bureau, il préfère aller à la pêche ou se reposer dans son jardin.

«Je ne vais pas au supermarché», dit-il. «Je vais acheter mon tabac, au café là-bas.»

«Très bien», répond sa femme, «mais reviens tout de suite et attends-moi à la sortie. Je vais acheter beaucoup de provisions ce matin, et tu vas m'aider à porter mes paniers.»

M. Marsaud va acheter son tabac. Il revient tout de suite et il attend sa femme devant le supermarché. Une demi-heure plus tard, il l'attend toujours. Il n'est pas très content!

Quand Mme Marsaud quitte enfin le supermarché, elle porte trois grands paniers pleins de provisions, et elle en passe deux à son mari.

«Zut!» dit M. Marsaud. «On a toujours du travail! Au bureau, à la maison, dans le jardin, même en ville. Cet après-midi, je vais aller à la pêche, pour me reposer un peu!»

«Ah, non, chéri, tu te trompes. Cet après-midi, ma mère vient nous voir!»

À la sortie du supermarché, les clients paient leurs achats.

Conversations
Qu'est-ce qu'ils disent?

A. M. Marsaud achète cent grammes de tabac. Le prix du tabac est cinq francs.
B. La mère de Mme Marsaud arrive à la gare. Elle téléphone à sa fille pour lui dire qu'il n'y a pas de taxis ni d'autobus. M. Marsaud va à la gare en voiture.

Exercice 6 EXTRA
Donnez le contraire de ces phrases, en remplaçant les mots en italique par le, la, l' ou les.
exemple
Je prends les verres sur la table.
Je les mets sur la table.

1. Je prends *la bouteille* sur la table.
2. Les filles prennent *les couteaux* dans le tiroir.
3. Prends les *œufs* dans ce bol-ci.
4. Prenez *les cahiers* sur la chaise, mes enfants.
5. Est-ce que je prends *les crayons* dans le tiroir?

DIDON

Du pain sec et du fromage
C'est bien peu pour déjeuner:
On me donnera, je gage,
Autre chose à mon dîner,
Car Didon dîna, dit-on,
Du dos d'un dodu dindon.

Qu'est-ce qu'il y a pour le déjeuner?

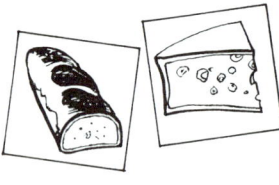

Du pain pour le déjeuner

ON ACHÈTE DES MEUBLES 3

Marc Gillot et sa femme, Jeanne, ont un nouvel appartement au club. Ils vont en ville acheter des meubles. Voici le plan de leur appartement. De quoi est-ce qu'ils ont besoin pour le meubler?

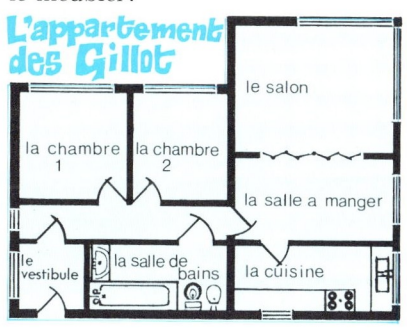

L'appartement des Gillot

- la chambre 1
- la chambre 2
- le salon
- la salle à manger
- le vestibule
- la salle de bains
- la cuisine

Dessinez le plan de votre maison ou appartement (ou de votre maison de rêves) et posez des questions à vos copains.

exemples
Où est-ce qu'on trouve le téléviseur?
Qu'est-ce qu'il y a dans le coin du salon?

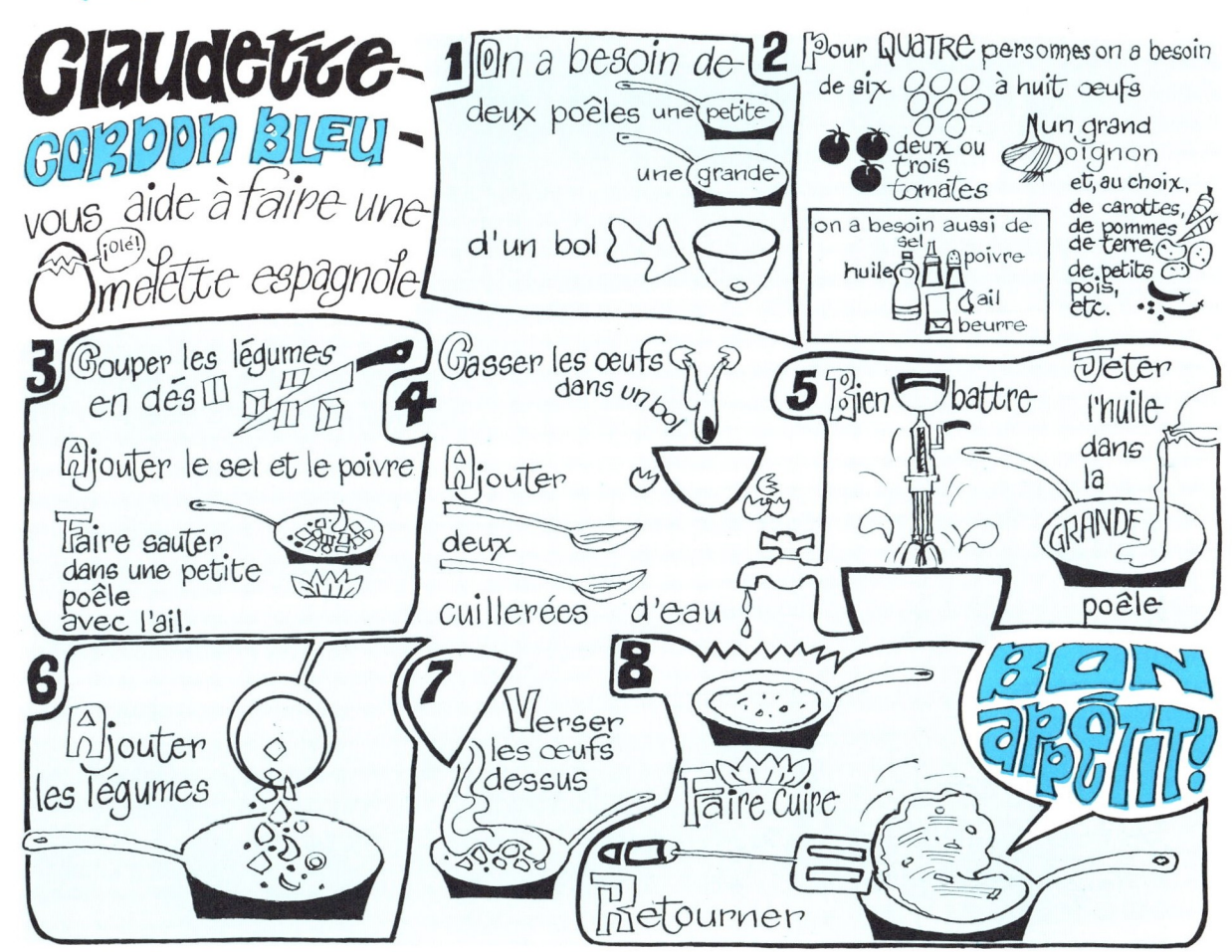

Claudette Cordon Bleu vous aide à faire une Omelette espagnole

1 On a besoin de deux poêles une petite une grande d'un bol

2 Pour QUATRE personnes on a besoin de six à huit œufs, deux ou trois tomates, un grand oignon et, au choix, de carottes, de pommes de terre, de petits pois, etc.
On a besoin aussi de sel, poivre, huile, ail, beurre

3 Couper les légumes en dés
Ajouter le sel et le poivre
Faire sauter dans une petite poêle avec l'ail.

4 Casser les œufs dans un bol
Ajouter deux cuillerées d'eau

5 Bien battre
Jeter l'huile dans la GRANDE poêle

6 Ajouter les légumes

7 Verser les œufs dessus

8 Faire cuire
Retourner

BON APPÉTIT!

4 En route pour le théâtre

Marie-France aime aller au théâtre. Il n'y a pas de théâtre dans la petite ville où nous habitons. Il y a un cinéma, mais Marie-France préfère le théâtre. Elle va donc souvent à la grande ville voisine et même quelquefois à Paris.

Ce soir elle va au théâtre avec quelques amies. Elle prend le train de six heures. Quand elle arrive, ses amies l'attendent sur le quai depuis une demi-heure. Les jeunes filles vont dîner dans un restaurant avant d'aller au théâtre.

A

[1] Le train de Marie-France arrive dans la gare. Elle descend vite et retrouve ses amies sur le quai. [2] Dominique et Brigitte sont là, mais Annette vient de partir. Elle va les retrouver plus tard, devant le théâtre.

[3] Les trois filles entrent dans un restaurant. Trois clients partent; il y a donc une table libre. [4] Les jeunes filles s'asseyent et Brigitte regarde le menu. Le garçon sort de la cuisine...

[5] Une heure plus tard, les filles sortent du restaurant. Elles n'ont pas le temps de prendre du café. [6] Elles vont vite à l'arrêt d'autobus, mais l'autobus vient de partir!

Répondez s'il vous plaît
Regardez les images 1-6

1. Qui vient d'arriver?
   Où est-ce que Marie-France retrouve ses amies?
2. Qu'est-ce qu'Annette vient de faire?
   Où va-t-elle retrouver ses amies?
3. Combien de tables libres y a-t-il?
   Où est-ce que les filles vont s'asseoir?
4. Qui vient de sortir de la cuisine?
   Que fait Brigitte?
5. Qu'est-ce que le garçon apporte?
   Qui vient de sortir?
6. Où vont les jeunes filles?
   Qu'est-ce que l'autobus vient de faire?

4

B

7 8 9

10 11 12

[7] Les filles décident donc qu'il faut prendre un taxi. En voilà un devant la gare. Il vient d'arriver. [8] Marie-France et Brigitte montent dans le taxi, pendant que Dominique parle au chauffeur. [9] «Nous sommes pressées», dit-elle, mais le taxi ne se met pas en route, car les feux sont au rouge.

[10] Enfin, le taxi s'arrête devant le théâtre. Les trois amies descendent [11] et vont retrouver Annette, qui vient d'acheter les billets. [12] Elles entrent vite dans le théâtre, juste à temps. On entend les trois coups. La pièce va commencer.

Répondez encore une fois

Regardez les images 7-12

7. Où est le taxi?
   Qu'est-ce que les filles vont faire?
8. Qui vient de monter dans le taxi?
   Que fait Dominique?
9. Comment sont les feux?
   Pourquoi est-ce que le taxi ne part pas?
10. Qu'est-ce que les filles viennent de faire?
    Où est le taxi?
11. Qui est-ce que les filles retrouvent?
    Qu'est-ce qu'Annette vient d'acheter?
12. Où est-ce que les filles entrent?
    Est-ce qu'elles arrivent à temps?

Conversations

1. Marie-France retrouve ses amies sur le quai

DOMINIQUE Salut, Marie-France!
MARIE-FRANCE Annette n'est pas là?
DOMINIQUE Non, elle vient de partir.
MARIE-FRANCE Pourquoi? Elle ne vient pas au restaurant avec nous?
BRIGITTE Non, elle n'a pas faim. Elle va nous retrouver au théâtre.

a. Qui vient de partir?
b. Qui n'a pas faim?
c. Qu'est-ce qu'elle va faire?

2. À la fin du dîner

LE GARÇON Vous partez déjà, mesdemoiselles? Vous ne prenez pas de café?
BRIGITTE Non, nous partons tout de suite. Nous sommes pressées.
MARIE-FRANCE Où est Dominique? Je ne la vois pas.
LE GARÇON Votre amie vient de sortir, mademoiselle. Elle vous attend dehors.
MARIE-FRANCE Au revoir, monsieur. Et merci.
LE GARÇON Ça alors! Qu'est-ce que je vais faire de ce café?

a. Est-ce que les filles prennent du café?
b. Pourquoi pas?
c. Qui attend dehors?

3. À l'arrêt d'autobus

DOMINIQUE Vite, l'autobus va partir. Il faut se dépêcher. On va le manquer.
BRIGITTE Zut, trop tard! Il vient de partir.
DOMINIQUE Quand part le prochain?
MARIE-FRANCE Dans un quart d'heure.
DOMINIQUE C'est déjà trop tard. La pièce commence à huit heures et demie.

a. Pourquoi les filles se dépêchent-elles?
b. Quand part le prochain autobus?
c. À quelle heure est-ce que la pièce commence?

4. Les trois jeunes filles à la gare

À l'aide de ces questions, imaginez la conversation des jeunes filles.

Est-ce qu'elles vont arriver à temps au théâtre?
Comment y aller?
Est-ce qu'il y a un taxi?
Où est-il?
Est-ce que le taxi vient d'arriver?
Est-ce qu'il va bientôt partir?

Pratique

Modèle A
PARTIR = to leave, depart
(*voir à la page 138*)

Dominique le taxi il	part	à cinq heures dans dix minutes
je tu	pars	tout de suite bientôt
nous	partons	ce soir (?)
vous	partez	
les grands-parents ils	partent	

Exercice 1
exemple
À quelle heure partez-vous?
Nous partons à sept heures.

| vous? | tu? | Jean-Paul? | les garçons? | je? | nous? |

Modèle B
SORTIR = to go out
(*voir à la page 138*)

le garçon elle	sort	de la cuisine
je tu	sors	du restaurant de l'église
nous	sortons	des magasins
vous	sortez	à midi
trois personnes	sortent	vite

Exercice 2
exemple
D'où sortent les filles?
Elles sortent de la tente.

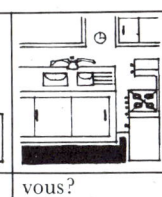

les filles | nous? | Henri? | je? | tu? | vous?

Exercice 3
Regardez les dessins et écoutez la conversation. Répétez-la, puis jouez le rôle de Brigitte.

Continuez cette conversation. Choisissez un repas. Qu'est-ce que vous allez prendre?

Modèle C
OUVRIR = to open
(*voir à la page 138*)

Brigitte j'	ouvre	la porte la fenêtre
tu	ouvres	le tiroir
les copains	ouvrent	le paquet
nous	ouvrons	
vous	ouvrez	

Exercice 4
Qui ouvre la fenêtre?
exemple Jean-Paul
C'est Jean-Paul qui l'ouvre.

| Michel   les garçons |
| nous   je   tu   vous |

27

Composition: Au supermarché

1 2 3
4 5 6

Modèle D

DEPUIS = since, for
(*voir à la page 134*)

je t'attends	depuis	un quart d'heure
nous sommes ici		cinq minutes
il travaille à la banque		longtemps
ils habitent à Paris		deux mois

Exercice 5

exemple
Jean-Paul arrive à sept heures et demie.
Pierre l'attend depuis six heures et demie.
Que dit Pierre?
« Je t'attends depuis six heures et demie. »

Jean-Paul a toujours une heure de retard.

Modèle E

VENIR DE = to have just
(*voir à la page 134*)

Brigitte nous attend?	non,	elle	vient	de	partir
Pierre et Hélène nous attendent?		ils	viennent		sortir
vous attendez depuis longtemps?		je	viens	d'	arriver

Exercice 6

exemple
Vous attendez depuis longtemps?
Non, je viens d'arriver.

ON S'AMUSE BIEN

Jean-Paul te parle

Comment est-ce qu'on va en ville?
À quelle heure?
Quand est-ce qu'il faut partir pour arriver à l'heure?

Tout le monde est en ville ce soir.

Moi, je vais au cinéma avec Henri et Pierre. Nous allons au cinéma toutes les semaines.

Papa et maman dînent au restaurant avec des amis. Il y a beaucoup de restaurants excellents chez nous en France.

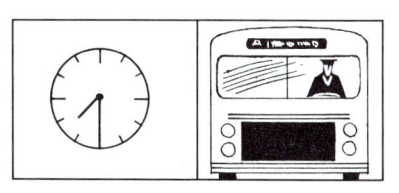

Claudette va à un concert avec Hélène et Gaby.

Et Marie-France? Elle danse—avec Robert, bien entendu!

À toi maintenant!

Est-ce que tu sors en ville pour t'amuser?
Tu préfères le cinéma ou la télévision? Pourquoi?
Est-ce que tu vas souvent au cinéma?
Y a-t-il un théâtre près de chez toi?
Tu vas dîner dans un restaurant quelquefois?
Est-ce que tu aimes les concerts?
Ou est-ce que tu préfères rester à la maison à écouter des disques ou la radio?

Marc organise des sorties pour les membres du club.
Voici sa liste d'idées ▶

Imaginez sa conversation avec des membres du club; Marc parle de ses idées, mais les jeunes ne sont pas tous d'accord. Qui préfère le théâtre? Pourquoi? Qui préfère le concert? Qui préfère ne pas aller en ville?

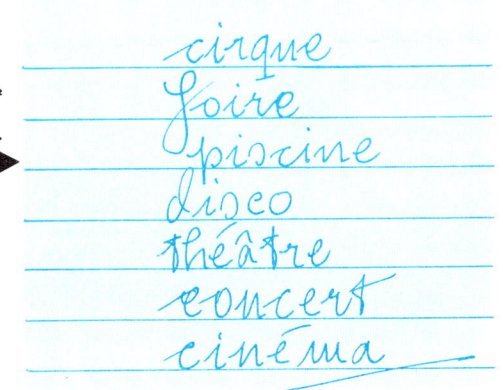

cirque
foire
piscine
disco
théâtre
concert
cinéma

5 On va en ville

Voici mon fils dans le magasin de musique. Pierre aussi est dans le magasin. Il vient d'acheter une guitare. Jean-Paul est là pour acheter un cadeau pour sa cousine Gaby. Demain c'est son anniversaire.

Marie-France et Claudette aussi vont acheter un cadeau en ville. Mais Jean-Paul n'aime pas faire des achats avec elles. Elles passent tout leur temps à regarder des vêtements. «Et ça, c'est une perte de temps!» dit-il.

A

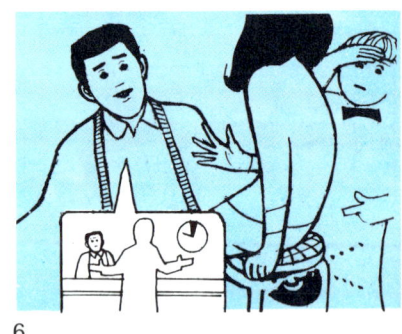

[1] Jean-Paul et Pierre sont dans le magasin. Pierre a acheté une guitare
[2] et il la montre à Jean-Paul. «J'ai vendu mon électrophone et j'ai acheté cette guitare», dit-il.
[3] Jean-Paul a déjà choisi un disque des Papillons pour Gaby.
[4] «Regarde là-bas», dit-il. «Ce garçon a fini. Allons écouter le disque.»
[5] Une jeune fille va entrer dans le magasin. Elle a entendu la musique. «Tiens! C'est Gaby!» dit Jean-Paul. «Vite, Pierre, cache le disque sous le coussin!»
[6] Gaby vient s'asseoir avec les garçons et, bien entendu, elle casse le disque!

Répondez s'il vous plaît
Regardez les images 1-6

1. Où est Pierre?
   Qu'est-ce qu'il a acheté?
2. À qui est-ce qu'il montre sa guitare?
   Qu'est-ce qu'il a vendu?
3. Qu'est-ce que Jean-Paul a déjà choisi?
   Pour qui est le disque?
4. Est-ce que le garçon a fini d'écouter son disque?
   Qu'est-ce que les garçons vont faire?
5. Qui va entrer?
   Que fait Pierre?
6. Où est-ce que Gaby s'assied?
   Et le disque, comment est-il?

5

B

[7] Devant la vitrine d'une boutique, les filles cherchent un pull-over chic pour leur cousine. [8] Elles en voient un dans la vitrine. [9] Elles entrent dans le magasin pour examiner le pull. [10] «Ce pull-ci?» demande la vendeuse. «Vous avez bien choisi, mesdemoiselles.» «Essaie-le, Claudette», dit Marie-France. «Tu es de la même taille que Gaby.»

[11] Enfin, les filles décident de prendre ce pull. Elles vont le payer, mais Marie-France a perdu son sac. [12] Heureusement, la vendeuse a trouvé le sac et elle l'a posé sous le comptoir.

Répondez encore une fois

Regardez les images 7–12

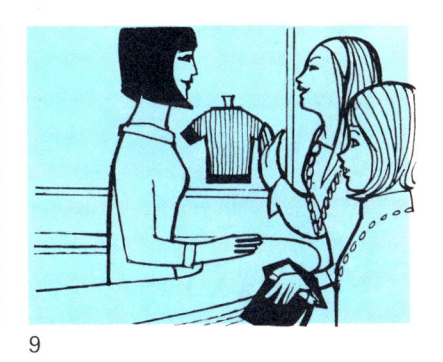

7. Où sont les filles?
   Qu'est-ce qu'elles cherchent?
8. Qu'est-ce qu'elles voient?
   Où est le pull-over?
9. Où est-ce que les filles entrent?
   Pour quoi faire?
10. Qui va essayer le pull-over?
    Qui est de la même taille que Claudette?
11. Qu'est-ce que les filles vont faire?
    Qu'est-ce que Marie-France a perdu?
12. Qui a trouvé le sac?
    Où est-ce qu'elle l'a posé?

Conversations

1. Dans le magasin de musique

JEAN-PAUL Dis donc, tu as acheté une guitare! Sensationnel! Tu en as choisi une bonne?
PIERRE Oui, il y a un grand choix ici. J'y ai passé toute la matinée.
JEAN-PAUL Ça c'est formidable! Tu as payé la guitare toi-même?
PIERRE Oui, j'ai vendu mon électrophone à Henri pour avoir assez d'argent.

  a. Qui a payé la guitare?
  b. Qui a acheté l'électrophone de Pierre?
  c. Combien de temps Pierre a-t-il passé dans le magasin?

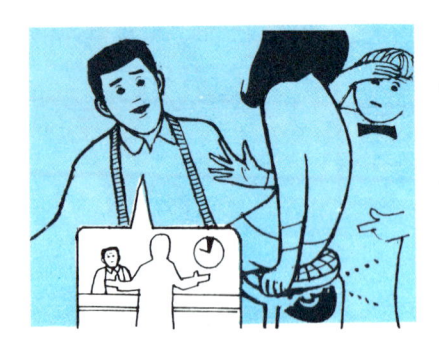

2. L'arrivée de Gaby

JEAN-PAUL Salut, Gaby. Ça va?
GABY Bonjour Jean-Paul. Bonjour Pierre. J'ai entendu le dernier disque des Papillons, n'est-ce pas?
JEAN-PAUL Non, tu te trompes. J'ai essayé de l'acheter, mais il n'en reste plus. On a vendu le dernier il y a cinq minutes.
GABY Tant pis! Ouf, que je suis fatiguée! J'ai cherché ce disque partout!
PIERRE Gaby, ne t'assieds pas là! Oh, trop tard, tu as cassé le disque!

  a. Qu'est-ce que Gaby a entendu?
  b. Qu'est-ce que Jean-Paul a essayé de faire?
  c. Qui a cassé le disque?

3. Marie-France s'inquiète

MARIE-FRANCE Madame, j'ai perdu mon sac.
LA VENDEUSE J'ai remarqué un sac sur le comptoir. Une cliente en a demandé le prix.
MARIE-FRANCE Dites donc, vous n'avez pas vendu mon sac?
LA VENDEUSE Non, mademoiselle, j'ai caché le sac et vos gants sous le comptoir. Les voici.

  a. Qu'est-ce que la vendeuse a remarqué?
  b. Qu'est-ce qu'une cliente a demandé?
  c. Est-ce que la vendeuse a vendu le sac?

4. Dans la boutique

La vendeuse demande aux filles ce qu'elles désirent. Marie-France indique un pull-over gris dans la vitrine. Elle en demande le prix. C'est 50F 30. La vendeuse dit que le pull-over est très chic, et qu'elle l'aime beaucoup. Claudette aussi l'aime beaucoup. Elle demande à la vendeuse s'il est possible de l'essayer. La vendeuse répond que oui, et qu'elle en a vendu des dizaines. Elle dit qu'elle va le prendre dans la vitrine. Marie-France aussi pense que le pull-over est très chic, mais elle le trouve un peu cher.

Imaginez la conversation.

Pratique

5

Modèle A
PASSÉ COMPOSÉ, VERBES RÉGULIERS EN -ER
(voir à la page 135)

hier	Jean-Paul	a	acheté	un disque
samedi dernier	j'	ai		un électrophone
ce matin	tu	as		un stylo
il y a deux semaines	les filles ils	ont		une montre
	nous	avons		un cadeau pour Gaby
	vous	avez		

Exercice 1
Qu'est-ce que tu as acheté en ville?
exemple

J'ai acheté du fromage.

Modèle B
PASSÉ COMPOSÉ, VERBES RÉGULIERS EN -IR
(voir à la page 135)

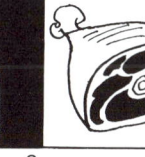

| Claudette Mme Marsaud | a | choisi | un pull une jupe |
| Hélène et sa mère | ont | | un livre |

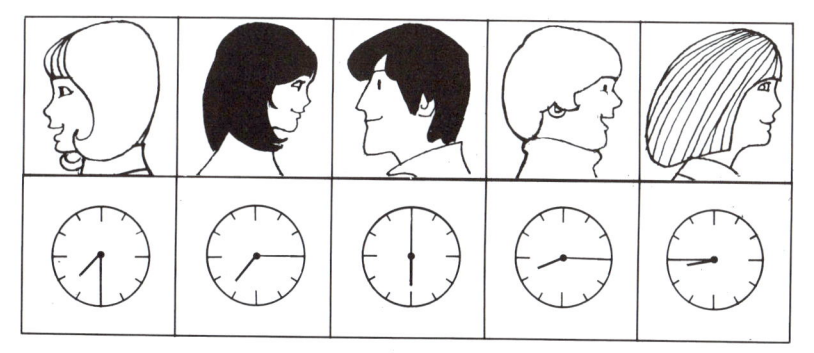

Exercice 2
exemple
À quelle heure est-ce que Jean-Paul a fini ses devoirs?
Il a fini ses devoirs à huit heures.

Modèle C
PASSÉ COMPOSÉ, VERBES RÉGULIERS EN -RE
(voir à la page 135)

j'	ai	attendu	mes amis	au coin de la rue
nous	avons		Jean-Paul	au bord du lac
on	a			

Exercice 3
Qui a perdu de l'argent?
exemple
M. Lafayette a perdu de l'argent.

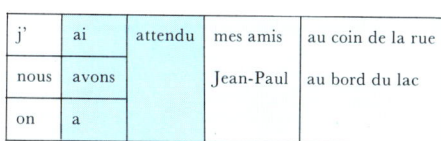

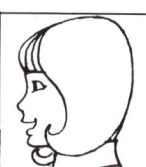

Modèle D

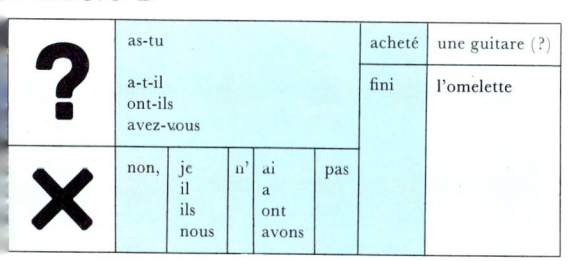

?

| as-tu | | acheté | une guitare (?) |
| a-t-il ont-ils avez-vous | | fini | l'omelette |

✗

| non, | je il ils nous | n' ai a ont avons | pas |

Exercice 4

| Les garçons Michel je | cherché mangé cassé regardé donné choisi | de l'argent une tasse un livre la télévision deux heures du chocolat | à Gaby pour Henri chez Alain |

Faites des phrases en employant ces mots. Attention! Ne faites pas de bêtises!

Au club

Le samedi, Jean-Paul et Claudette passent la soirée au club avec leurs copains. Au club, on s'amuse bien; on danse, on joue au ping-pong, on prend un jus de fruits ou une limonade, on écoute des disques. Georges y va jouer de son accordéon, car sa mère n'aime pas les accordéons à la maison. D'habitude, Pierre apporte sa guitare, et les deux garçons jouent ensemble.

Ce soir, tous les amis de Jean-Paul et de Claudette sont au club. Ils vont danser plus tard. En ce moment, tout le monde est dans la grande salle. Quelques-uns écoutent des disques, d'autres parlent ou jouent aux cartes dans un coin. Au milieu, Henri et Michel jouent au ballon, parce que Marc n'est pas là. Bien entendu, on ne joue pas au ballon dans la salle! Henri lance le ballon à Michel, Michel l'attrape et le relance vite à Henri. Mais Henri ne l'attrape pas et . . . Pan! On entend un bruit terrible et l'électrophone ne marche plus. Que faire? Comment danser sans musique?

Soudain, Hélène a une idée. «C'est très simple», dit-elle. «Nous avons un groupe ici au club. Georges a apporté son accordéon, Pierre a sa guitare, et Jean-Paul va jouer de la batterie sur cette vieille boîte à biscuits.»

«Oui, et Henri va chanter», dit Jean-Paul. «C'est notre premier concert public. Allons, les gars! Nous allons être célèbres!»

Les jeunes s'amusent au club.

Conversations
Qu'est-ce qu'ils disent?

A. Marc rentre dans la salle et les deux garçons lui disent qu'ils ont cassé l'électrophone. Qu'est-ce qu'il dit? Qui va payer?

B. Claudette raconte à Gaby la soirée au club, et Gaby lui pose des questions au sujet du groupe célèbre.

Modèle E *EXTRA*
CONNAÎTRE = to know, to be acquainted with
(*voir à la page 137*)

Pierre	connaît	Gaby	depuis longtemps
je	connais	Georges	assez bien
tu		M. Marsaud	
Les Gillot	connaissent		
nous	connaissons		
vous	connaissez		

Modèle F
OFFRIR = to offer, to give (as a present)
(*voir à la page 138*)

NOTEZ BIEN
OUVRIR passé composé
J'ai **ouvert** la porte.

Marie-France	offre	une glace	à Jean-Paul
j'		un cadeau	Gaby
tu	offres	un jus de fruits	Robert
ils	offrent		
nous	offrons		
vous	offrez		
hier, j'ai offert			

Les mots croisés

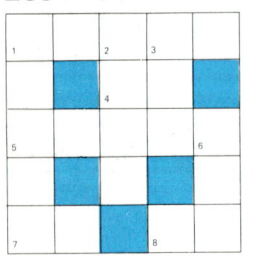

HORIZONTALEMENT
1 En hiver il ne fait pas . . . (5)
4 Pour trouver une plage . . . va au bord de la mer (2)
5 Une ville de France. (5)
7 Combien . . avez-vous? (2)
8 Jean-Paul, tu .. un idiot! (2)

VERTICALEMENT
1 Regardez ici, pour trouver 5 horizontalement. (5)
2 Un mois avant septembre. (4)
3 Trois fillettes moins deux! (3)
6 Ce sont . . . gants, ils sont à nous. (3)

AU MARCHÉ

Mercredi, c'est jour de marché à Tourville. À sept heures du matin, les marchands et les fermiers arrivent sur la place.

Vers huit heures, tout est prêt. Bientôt, les premiers clients commencent à arriver. Ils cherchent partout pour choisir les meilleurs légumes et fruits, et pour trouver les prix les plus bas.

Au marché, on achète des fruits de toutes sortes—pommes, poires, pêches, abricots—et quoi encore?

On choisit les fruits et les légumes avec grand soin. On tâte, on goûte et peut-être, on achète ; ou peut-être, on s'en va chez un autre marchand.

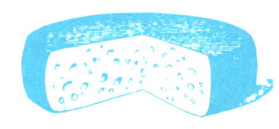

Les fromages sont excellents. Chez nous en France, il y a beaucoup de variétés de fromage.

Enfin, on achète des fleurs pour la maison, ou pour offrir à maman ou à grand-mère. On va peut-être aussi acheter une oie pour le déjeuner de dimanche.

6 La surprise-partie

Aujourd'hui, c'est jour de congé pour ma sœur et mon frère. Il est trois heures de l'après-midi. Jean-Paul et Claudette ont déjà fini leurs devoirs. Jean-Paul a rangé ses nouveaux timbres dans son album. Claudette a essayé une robe qu'elle vient de faire.

Maintenant, ils n'ont plus rien à faire. Impossible de sortir, parce qu'il pleut à verse depuis ce matin. Alors, que faire? Jean-Paul n'aime pas rester à la maison les jours de congé. Il préfère sortir avec ses amis. Claudette non plus n'aime pas rester à la maison toute la journée. Ils vont chercher maman dans la cuisine.

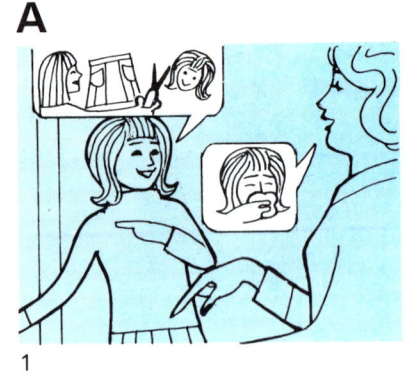

A

[1] Claudette a fini sa jupe. Elle veut aller chez Hélène, mais sa mère dit qu'elle ne peut pas y aller. Elle doit rester à la maison. [2] Jean-Paul veut sortir pour jouer au football, mais lui aussi doit rester à la maison. [3] «Vous pouvez m'aider à faire la vaisselle, si vous voulez faire quelque chose», dit Mme Marsaud.

[4] Mais Claudette a une idée. «Maman, pouvons-nous inviter des amis pour ce soir?» demande-t-elle. [5] «Oui, si vous voulez, vous pouvez en inviter une douzaine», répond sa mère. [6] Claudette ne veut pas inviter Babette, mais Jean-Paul dit qu'ils doivent l'inviter, parce qu'il veut inviter son frère, Alain. «Eh bien, d'accord», dit Claudette. «Il est assez sympathique.»

Répondez s'il vous plaît

Regardez les images 1–6

1. Qu'est-ce que Claudette a fini de faire?
   Où est-ce qu'elle veut aller?
2. Qu'est-ce que Jean-Paul veut faire?
   À qui est-ce qu'il parle?
3. Qu'est-ce que les enfants peuvent faire?
   Où sont-ils?
4. Qui a une idée?
   Qu'est-ce qu'elle veut faire?
5. Combien d'amis peuvent-ils inviter?
   Combien de filles y a-t-il?
6. Qui veut inviter Babette?
   Qui ne veut pas l'inviter?

6

B

7

8

9

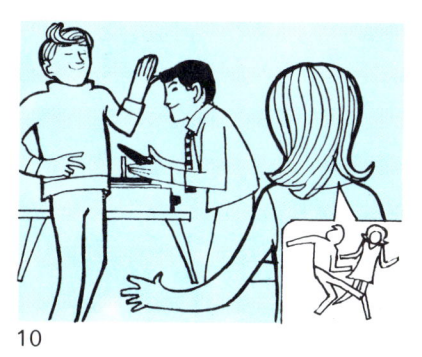

10

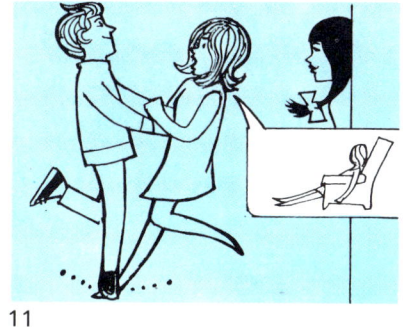

11

12

[7] Maintenant, c'est le soir. Jean-Paul a apporté tous ses disques. [8] Pierre arrive avec la guitare qu'il a achetée il y a deux semaines. [9] Et Georges a apporté son accordéon. «Moi, je sais jouer de la batterie», dit Jean-Paul. «Nous pouvons jouer ensemble.» «Au club, peut-être», répond Claudette. «Mais pas ici!»

[10] Henri veut danser; alors Jean-Paul met un disque. [11] Mais Henri ne sait pas bien danser. Il marche sur les pieds de Claudette, et elle doit se reposer!

[12] Enfin, à dix heures, tout le monde doit partir. Jean-Paul veut se coucher, mais d'abord il doit faire la vaisselle!

Répondez encore une fois

Regardez les images 7–12

7. Quelle heure est-il?
   Qu'est-ce que Jean-Paul a apporté?
8. Qu'est-ce que Pierre a apporté?
   Depuis combien de temps a-t-il une guitare?
9. Qui sait jouer de l'accordéon?
   Qu'est-ce que Jean-Paul sait faire?
10. Qu'est-ce qu'Henri veut faire?
    Que fait Jean-Paul?
11. Est-ce qu'Henri sait bien danser?
    Qu'est-ce que Claudette doit faire?
12. À quelle heure est-ce que les enfants doivent partir?
    Qu'est-ce que Jean-Paul veut faire?

Conversations

1. Claudette veut sortir

CLAUDETTE	Maman, je veux sortir un moment. Je veux aller chez Hélène. Ce n'est pas loin.
MME MARSAUD	Et qu'est-ce que tu veux faire chez Hélène?
CLAUDETTE	J'ai fini ma jupe. Je veux l'aider à en faire une.
MME MARSAUD	Tu veux sortir, sans doute, mais tu ne peux pas. Tu dois rester à la maison. Tu es déjà un peu enrhumée.

   a. Qu'est-ce que Claudette veut faire?
   b. Qu'est-ce qu'elle doit faire?
   c. Pourquoi?

2. Claudette a une idée

CLAUDETTE	Maman, j'ai une idée. Est-ce que nous pouvons inviter des amis pour ce soir?
MME MARSAUD	Bien sûr, si vous voulez faire tout le nécessaire. Vous devez aussi faire la vaisselle après. Et vos amis doivent partir à dix heures.
JEAN-PAUL	Puis-je téléphoner pour les inviter?
MME MARSAUD	Oui, si tu veux.
CLAUDETTE	Je veux inviter toutes les filles de la classe.
MME MARSAUD	Vous pouvez en inviter une douzaine au maximum. Faites une liste.

   a. Qu'est-ce que les enfants doivent faire après la surprise-partie?
   b. Pourquoi Jean-Paul veut-il téléphoner?
   c. À quelle heure ses amis doivent-ils partir?

3. Henri veut danser

HENRI	Tu veux danser, toi?
CLAUDETTE	Mais tu ne sais pas danser!
HENRI	Si, je sais . . . depuis lundi. Allons, Claudette, tu vas voir . . . .
CLAUDETTE	Oh, laisse-moi, Henri! Tu me marches sur les pieds.
HENRI	Mais la musique n'est pas finie. Allons, continuons!
CLAUDETTE	Non, je ne peux plus danser. J'ai besoin de me reposer.
HENRI	Tant pis pour toi! Voici Babette qui vient d'arriver. Je vais danser avec elle.

   a. Depuis quand Henri sait-il danser?
   b. Qu'est-ce qu'il fait?
   c. Qui vient d'arriver?

4. La fin de la soirée

Employez les réponses à ces questions pour composer la conversation des amis.

Quelle heure est-il? Qu'est-ce qu'il doit faire?
Qui doit partir? Que dit Claudette?
Qu'est-ce qu'ils disent? Qu'est-ce que Jean-Paul répond?
Qu'est-ce que Jean-Paul veut faire?

Ajoutez vous-même des détails.

Pratique

Modèle A
VOULOIR = to want, to wish (to)
(*voir à la page 138*)

Claudette Jean-Paul		veut		aller chez Hélène jouer au football
je		veux		sortir un moment
tu				écouter la radio
les deux filles		veulent		déjeuner tout de suite
nous		voulons		inviter quelques amis
vous	ne	voulez	pas	

Exercice 1
Qu'est-ce que Marie-France veut faire?
exemple

Elle veut aller au cinéma.
Et toi?
Moi, je ne veux pas aller au cinéma.

Modèle B
DEVOIR = to have to
(*voir à la page 138*)

Henri		doit		rester à la maison
je		dois		faire la vaisselle
tu				finir les devoirs
les garçons		doivent		aider Mme Marsaud
nous		devons		attendre une heure
vous	ne	devez	pas	partir

Exercice 2
Qu'est-ce qu'ils doivent faire?
exemple

M. Marsaud doit faire la vaisselle.

| partir tout de suite | aider maman | rester à l'école | laver la voiture | le médecin |

Modèle C
POUVOIR = to be able to (can)
(*voir à la page 138*)

Hélène		peut		aller au cinéma ce soir
je		peux		regarder la télévision maintenant
tu				rester ici une heure
Alain et Isabelle		peuvent		nager dans le lac
nous		pouvons		
vous		pouvez		
	ne		pas	

Notez bien: **Puis-je** aller au cinéma, maman?
Tu peux y aller demain.

Modèle D
SAVOIR = to know (how to)
(*voir à la page 138*)

Georges		sait		jouer	de	l'accordéon
je		sais				la guitare
tu					du	piano
les garçons		savent			au	football
nous		savons				volley-ball
vous		savez				tennis
	ne		pas			

39

Composition : Un cadeau pour Robert

Modèle E *EXTRA*

| je sais | danser
nager
jouer du piano | mais je ne peux pas | danser
nager
jouer | ici
maintenant
en ce moment |

Jean-Paul te demande

1. Sais-tu parler français?
2. Sais-tu nager? Bien?
3. Est-ce que ton père sait jouer de la guitare?
4. Est-ce que ta mère sait jouer au football?
5. Est-ce qu'on doit travailler beaucoup pendant les leçons de français?
6. Est-ce que tu dois faire la vaisselle chez toi?
7. Est-ce que ton père doit faire la lessive?
8. Est-ce que tes amis doivent se coucher de bonne heure?
9. Peux-tu sortir ce soir?
10. Est-ce qu'on peut parler en classe?

Comptine

Monsieur de Saint-Laurent
Qu'a perdu ses gants
Son bâton doré
Sa canne d'argent
As-tu bien mangé?
Oui, oui, oui,
J'ai mangé un œuf

La moitié d'un bœuf
Quatre-vingts moutons
Autant de chapons
J'ai bu la rivière
Dans ma tabatière
J'ai mangé mon pain,
J'ai encore grand faim.

SOYEZ LES BIENVENUS 6

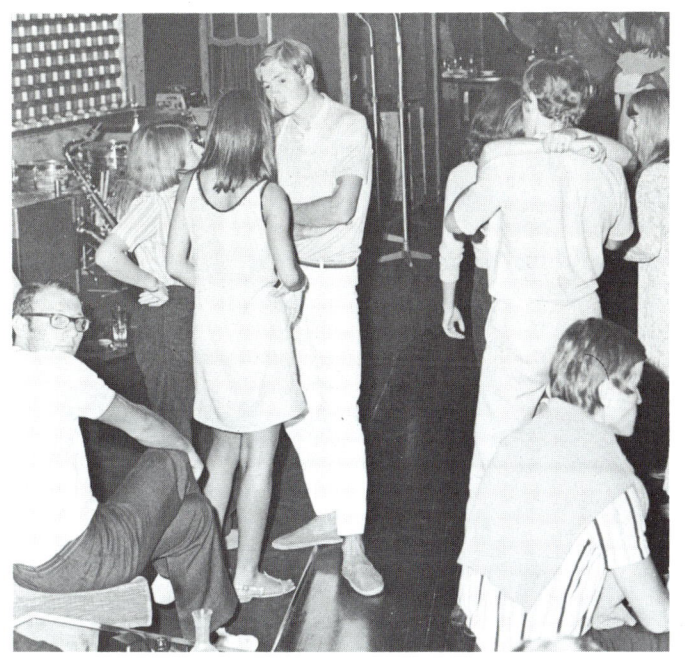

Bienvenue! Le Club des Quatre Saisons t'invite à une surprise-partie dans la grange à 8h, le samedi 10 décembre

La surprise-partie est très réussie. Tous les invités s'amusent bien.

Avant l'arrivée des invités, Marc et les membres du club ont travaillé longtemps pour organiser la soirée.

Il y a beaucoup à faire.
Il faut décider —combien d'invités
—combien de bouteilles de limonade
—combien de paquets de chips
—et quoi encore?
Il faut choisir les disques qu'on va écouter. Les membres ont apporté tous les derniers disques. Il y en a des dizaines! Qui va préparer les sandwichs? Qui va décorer la grange? Et qui va faire la vaisselle et ranger les meubles le lendemain?

Aimez-vous les surprises-parties?

Imaginez que vous parlez à vos amis de la surprise-partie du club.
Qu'est-ce que vous avez fait?
Quels disques avez-vous écoutés?
Qu'est-ce que vous avez mangé?
Avez-vous dansé? Avec qui?

7 Au café

Mon mari n'aime pas du tout la musique moderne. D'habitude, quand mes enfants ont une surprise-partie chez nous, il décide d'aller passer la soirée au café. Là, il peut prendre une tasse de café ou un verre de vin; il peut parler avec ses amis, ou bien jouer aux cartes; il peut même regarder la télévision, s'il le veut. Surtout, au café il n'y a pas de disques!

C'est le soir de la surprise-partie de Jean-Paul et Claudette. Il est sept heures et demie. Et mon mari? Il est déjà en route pour le café!...

A

[1] Il n'y a personne au café quand M. Marsaud y arrive. [2] Il décide de prendre un café-crème, et il invite le garçon à prendre quelque chose. Mais Gaston ne veut rien prendre. Il ne boit jamais rien avant huit heures.

[3] M. Marsaud s'assied. Il va lire son journal; il boit son café lentement.

[4] D'autres clients arrivent. Ce sont deux étudiants et un vieux monsieur. [5] Dans un coin, un autre monsieur écrit une lettre. «Moi aussi, je dois écrire des lettres», dit M. Marsaud. [6] «Mes sœurs m'écrivent beaucoup de lettres et je ne réponds jamais.» «J'ai des timbres, si vous en voulez», dit Gaston.

Répondez s'il vous plaît
Regardez les images 1-6

1. Combien de clients y a-t-il dans le café quand M. Marsaud arrive? À qui est-ce qu'il parle?
2. Qu'est-ce qu'il prend? Qu'est-ce que Gaston ne fait pas avant huit heures?
3. Qu'est-ce que M. Marsaud lit? Qu'est-ce qu'il boit?
4. Qui entre après les étudiants? Combien d'étudiants y a-t-il?
5. Qu'est-ce que le monsieur boit? Qu'est-ce qu'il fait?
6. Qu'est-ce que M. Marsaud doit faire? Combien de sœurs a-t-il?

7

B

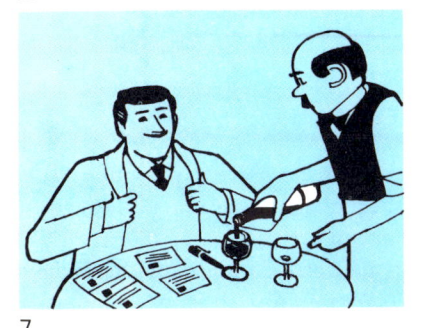

7 8 9

10 11 12

[7] Maintenant, M. Marsaud a écrit toutes ses lettres. Il a déjà bu un verre de vin, et il décide de prendre encore un verre de vin rouge. [8] Il veut fumer, mais il a perdu sa pipe et Gaston n'en vend pas. [9] Enfin il trouve sa pipe, mais pas son briquet. «Voilà une boîte d'allumettes», dit Gaston. [10] À ce moment-là, des amis entrent au café, [11] mais M. Marsaud doit partir. «Au revoir, Henri», dit M. Rennes. «Et dites merci à Mme Marsaud. Elle a écrit à ma femme l'autre jour.»

[12] Quand M. Marsaud arrive chez lui, sa femme prépare du chocolat. Mais M. Marsaud n'en veut pas. Lui, il ne boit jamais de chocolat.

Répondez encore une fois
Regardez les images 7-12

7. Qu'est-ce que M. Marsaud a écrit?
   Qu'est-ce qu'il a bu?
8. Qu'est-ce qu'il ne trouve pas?
   Est-ce que Gaston peut l'aider?
9. Qu'est-ce que M. Marsaud a perdu?
   Qu'est-ce que Gaston donne à M. Marsaud?
10. Qui entre au café?
    Qu'est-ce qu'ils boivent?
11. Qui doit partir?
    À qui est-ce que Mme Marsaud a écrit?
12. Que fait Mme Marsaud quand son mari rentre?
    Qu'est-ce qu'il ne boit jamais?

Conversations

1. M. Marsaud arrive au café

GASTON — Bonsoir, M. Marsaud.
M. MARSAUD — Bonsoir, Gaston. Il n'y a personne ici?
GASTON — Non, ce soir vous arrivez le premier. Qu'est-ce que vous allez boire?
M. MARSAUD — Je prends un café-crème. Vous buvez quelque chose avec moi?
GASTON — Merci, je ne bois jamais rien avant huit heures.

   a. Combien de clients y a-t-il au café quand M. Marsaud y arrive?
   b. Est-ce que Gaston va prendre quelque chose?
   c. Pourquoi pas?

2. Encore des clients

M. MARSAUD — Ah, voilà des clients pour vous.
GASTON — Ce sont des étudiants. Ils ne boivent presque rien et ils lisent leurs livres. Ici c'est comme une bibliothèque.
M. MARSAUD — Et ce vieux monsieur qui arrive?
GASTON — Lui, il boit toujours un verre de vin blanc, il lit deux journaux et il part, sans rien dire. Il ne parle jamais à personne.

   a. Qu'est-ce que les étudiants boivent?
   b. Que dit le vieux monsieur?
   c. À qui est-ce qu'il parle?

3. M. Marsaud a presque fini ses lettres

GASTON — Vous écrivez beaucoup de lettres.
M. MARSAUD — Oui, j'écris à mes sœurs. Elles écrivent souvent des lettres, et moi, j'oublie toujours de répondre.
GASTON — Moi, je n'écris jamais à personne. Vous avez besoin de timbres? J'en ai, si vous en voulez.
M. MARSAUD — Non, j'en ai dans mon portefeuille. Quand on travaille à la Poste, on n'oublie jamais d'acheter des timbres!

   a. À qui est-ce que M. Marsaud écrit?
   b. À qui est-ce que Gaston écrit?
   c. Qu'est-ce que M. Marsaud n'oublie jamais?

4. La soirée de M. Marsaud

Imaginez les réponses de M. Marsaud.

MME MARSAUD — Tu as passé toute la soirée au café?
M. MARSAUD —
MME MARSAUD — Qui as-tu rencontré?
M. MARSAUD —
MME MARSAUD — Qu'est-ce que tu as fait?
M. MARSAUD —
MME MARSAUD — À qui as-tu écrit?
M. MARSAUD —
MME MARSAUD — Qu'est-ce que tu as bu?
M. MARSAUD —
MME MARSAUD — Je fais du chocolat. Tu en veux une tasse?
M. MARSAUD —

Pratique

7

Modèle A
BOIRE = to drink
(*voir à la page 137*)

M. Marsaud	boit	du vin rosé
je	bois	du café
tu		une tasse de thé
les femmes	boivent	un verre d'eau
nous	buvons	beaucoup
vous	buvez	trop!
hier,	j'ai bu	

Exercice 1

exemple

Qu'est-ce que Jean-Paul boit?
Il boit du café.

Modèle B
ÉCRIRE = to write
(*voir à la page 137*)

Marc	écrit	des lettres
j'	écris	une carte postale
tu		à un ami
ils	écrivent	
nous	écrivons	
vous	écrivez	
ce matin,	j'ai écrit	

Exercice 2

exemple

À qui est-ce que Robert écrit?
Robert écrit à Marie-France.

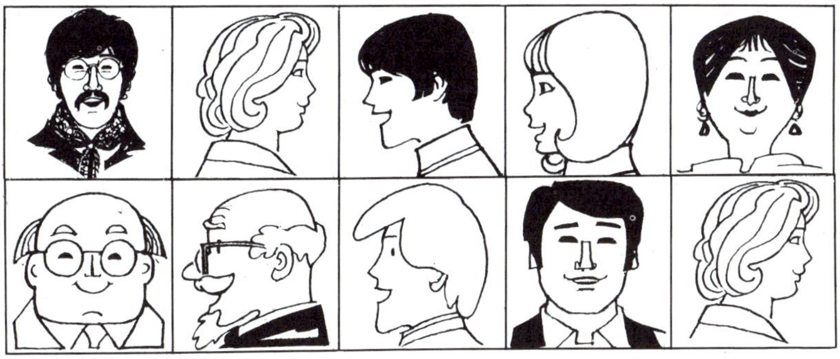

Modèle C
LIRE = to read
(*voir à la page 137*)

Jeanne	lit	le journal
je	lis	un roman
tu		beaucoup
ils	lisent	chaque soir
nous	lisons	
vous	lisez	
la semaine dernière,	j'ai lu	

Exercice 3

exemple
Qu'est-ce que tu lis?
je lis une lettre.

1. Qu'est-ce que M. Marsaud ne boit jamais? 
2. Qui a écrit cette lettre? 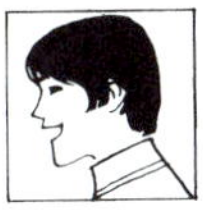
3. Qu'est-ce que vous buvez, mes amis? 
4. Où est-ce que Marc lit son journal? 
5. Est-ce que tu bois beaucoup de vin?

45

M. Lafayette va au café

Quand M. Lafayette va au café, il boit du vin rosé et lit son journal. Mais, comme on le sait déjà, il est très distrait. Il oublie toujours l'heure et il doit se dépêcher pour rentrer à la maison à temps pour le dîner.

Hier soir, il a passé une heure très agréable au café. Il a bu deux verres de vin rosé, il a lu son journal, il a parlé avec ses amis. Puis, tout à coup, il a remarqué l'heure. Il a quitté le café sur-le-champ, mais il a oublié de prendre son parapluie. Rentré dans le café pour le reprendre, il a rencontré un de ses amis, qui l'a invité à prendre quelque chose. M. Lafayette a mis ses lunettes et son parapluie sur une table et il a pris encore un verre de vin. Puis, il n'a pas pu trouver ses lunettes. Il a donc demandé à son ami de l'aider à les chercher. Son ami les a trouvées, sous le parapluie!

Enfin, le professeur a pu partir; il a pris un taxi pour arriver à la maison avant l'heure du dîner. Bien entendu, il n'a pas trouvé assez d'argent pour payer le taxi!

EXTRA NE . . . PERSONNE, NE . . . RIEN, NE . . . JAMAIS (*voir à la page 133*)

Exercice 4

Répondez aux questions, en employant *ne . . . personne, ne . . . rien, ne . . . jamais*
exemple
Est-ce que tu as vu quelqu'un?
Non, je n'ai vu personne.

1. Est-ce que les garçons ont entendu quelqu'un?
2. Est-ce qu'Henri a parlé à quelqu'un?
3. Est-ce qu'Hélène a cassé quelque chose?
4. Est-ce que Marc et Jeanne ont choisi quelque chose?
5. Est-ce que les filles ont entendu ce disque?
6. Tu as rencontré ton ami en ville?
7. Est-ce que les élèves ont parlé au professeur ce matin?
8. As-tu acheté une voiture?

Conversations

A. Mme Marsaud a rencontré son amie, Mme Rennes, dans la ville. Écoutez leur conversation. Puis jouez le rôle de Mme Rennes.

B. Vous aussi êtes au café. Qu'est-ce que vous voulez boire? Est-ce que vous allez lire le journal, écrire une lettre, acheter des timbres, téléphoner, regarder la télévision? (Il y a souvent un téléviseur dans les cafés en France.)
Voici le garçon qui arrive. Qu'y a-t-il pour votre service, messieurs-dames?

MME RENNES
MME MARSAUD   Bonjour, Mme Rennes.
MME RENNES
MME MARSAUD   Très bien, merci; et vous?
MME RENNES
MME MARSAUD   J'y vais aussi. Je vais acheter du sucre et de la farine.
MME RENNES
MME MARSAUD   Non, je n'aime pas les autobus; j'y vais à pied.
MME RENNES
MME MARSAUD   Non, je ne suis pas pressée.
MME RENNES
MME MARSAUD   D'accord; c'est une bonne idée. J'ai soif, moi aussi.
MME RENNES
MME MARSAUD   Très bien; je préfère être assise à la terrasse.
MME RENNES
MME MARSAUD   Je vais prendre un chocolat glacé.
MME RENNES
MME MARSAUD   Ah, non, merci; je ne bois jamais de vin avant le déjeuner.

À LA POSTE   7

Pourquoi va-t-on au bureau de poste? Pour acheter des timbres, pour mettre une lettre ou une carte postale à la boîte aux lettres, pour envoyer un télégramme, pour envoyer un paquet par avion...
Et M. Marsaud y travaille. Il est employé des P. et T.

Claudette écrit une lettre à une correspondante anglaise.

Ma chère amie,

   Est-ce que tu écris des lettres à tes copains? As-tu un correspondant en France? Est-ce que tu aimes lire des lettres ou des cartes postales? Moi, j'adore écrire des lettres, mais je préfère avoir des nouvelles de tous mes amis à l'étranger. Pourquoi pas m'écrire une petite lettre?

   Parle-moi de ta famille, de ta maison, de l'école et de tes amis. Je veux savoir quel âge tu as, de quelle couleur sont tes yeux, si tu as des frères ou des soeurs, si tu aimes les animaux - enfin tous les détails de ta vie.
        À bientôt.
            Amitiés,
                Claudette

Le facteur rural

Le facteur rural
enfourche son vélo
et cahotant par les chemins boueux
va battant des ailes bleues
sous la pluie.

De-ci de-là on le hèle.
Il fait signe de la main
ou s'arrête
un pied sur sa bicyclette
et l'autre sur le chemin...

Le facteur rural
par les chemins cahotants
va battant des ailes bleues
dans le vent.

PAUL-MARIE FONTAINE

Voici le facteur. Son cartable est plein de lettres, de cartes et de paquets.

8 Le professeur distrait

Vous connaissez déjà M. Alphonse Lafayette. C'est un des professeurs de Jean-Paul et de Claudette. C'est un type très sympathique mais tellement distrait. Il oublie les noms des élèves, il perd ses clefs, il laisse ses affaires partout. Sa femme l'aime bien, mais quelquefois elle n'en peut plus!

Un soir, il y a quelques jours, Mme Lafayette a décidé d'aller voir une amie. Elle a préparé le dîner pour six heures et demie, car d'habitude son mari rentre vers six heures. Mais, à six heures et demie, toujours pas de M. Lafayette. Mme Lafayette a téléphoné à l'école. Pas de réponse. Enfin, son mari a sonné à la porte à huit heures—deux heures en retard!

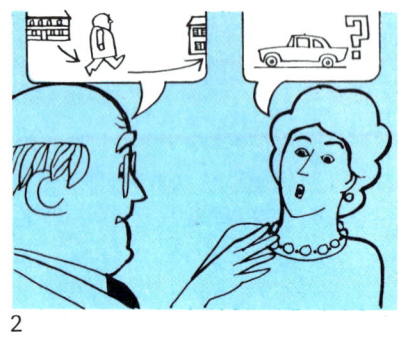

A

[1] Mme Lafayette n'est pas du tout contente. Elle a préparé le dîner pour six heures et demie, et son mari rentre à huit heures. [2] Mais pourquoi rentre-t-il à pied? Où est la voiture? L'a-t-il perdue? [3] Pas exactement. La voiture est à l'école! Mais ses clefs? Oui, il les a perdues! [4] Et pourquoi n'a-t-il pas pris l'autobus? Il l'a pris, en effet, mais il a dû descendre quand il n'a pas pu trouver d'argent! [5] Quel homme! A-t-il apporté sa serviette de l'école? Oui, mais il l'a laissée dans l'autobus! [6] Alors, il doit aller la chercher au bureau des objets trouvés. Mais d'abord, le dîner . . .

Répondez s'il vous plaît

Regardez les images 1–6
1. Quelle heure est-il?
   Qu'est-ce que Mme Lafayette a préparé?
2. Où est-ce que M. Lafayette a laissé la voiture?
   Comment est-ce qu'il rentre?
3. Est-ce qu'il a perdu la voiture?
   Qu'est-ce qu'il a perdu?
4. Est-ce qu'il a pris l'autobus?
   Qu'est-ce qu'il n'a pas pu trouver?
5. Où est sa serviette?
   L'a-t-il laissée à l'école?
6. Où doit-il aller?
   Que doit-il faire d'abord?

8

B

7

8

9

10

11

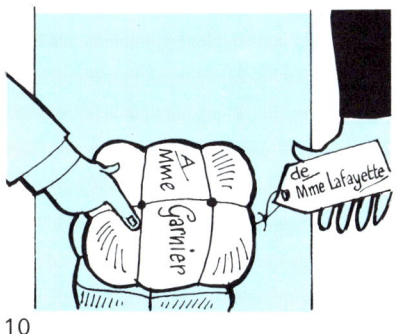

12

[7] Au bureau des objets trouvés, M. Lafayette a vu sa serviette. «Voilà ma serviette», a-t-il dit. «Je l'ai perdue ce soir.» [8] «Et qu'y a-t-il dans la serviette, monsieur?» a demandé l'employé. «Des cahiers et . . . euh, des sandwichs», a répondu M. Lafayette. [9] Il a pris sa serviette, mais il a laissé deux grands paquets sur le comptoir. [10] «Ils ne sont pas à moi», a-t-il dit, quand l'employé l'a appelé. «Ils sont pour une Mme Garnier.» «Oui, oui», a expliqué l'employé. «Mais c'est Mme Lafayette qui les a envoyés!» [11] M. Lafayette a pris les paquets. «Vous avez raison, monsieur. Ma femme m'a dit de mettre ces paquets à la poste.» Et il les a mis dans sa serviette. [12] «Au revoir, monsieur, et merci. Mais, où donc est mon chapeau?»

Répondez encore une fois

Regardez les images 7-12

7. Qu'est-ce que M. Lafayette a vu au bureau des objets trouvés?
   Qu'est-ce qu'on voit aussi derrière l'employé?
8. Que fait l'employé?
   Qu'y a-t-il dans la serviette?
9. Qu'est-ce que M. Lafayette a pris?
   Qu'est-ce qu'il a oublié?
10. Pour qui sont les paquets?
    Qui les a envoyés?
11. Qu'est-ce que M. Lafayette a pris?
    Où les a-t-il mis?
12. Est-ce qu'il a perdu son chapeau?
    Pourquoi pas?

Conversations

1. M. Lafayette arrive en retard

M. LAFAYETTE   Bonsoir, chérie. Me voici... enfin. J'ai dû rentrer à pied.
MME LAFAYETTE   Ça alors, je ne comprends pas du tout. Tu pars en voiture et tu rentres à pied. Où est la voiture? Tu l'as perdue, sans doute.
M. LAFAYETTE   Euh... Je l'ai laissée à l'école.
MME LAFAYETTE   Tu l'as laissée à l'école! Mais pourquoi?
M. LAFAYETTE   J'ai perdu la clef. Je l'ai cherchée partout, mais je ne l'ai pas trouvée.

    a. Qu'est-ce que Mme Lafayette ne comprend pas?
    b. Qu'est-ce que son mari a laissé à l'école?
    c. Pourquoi?

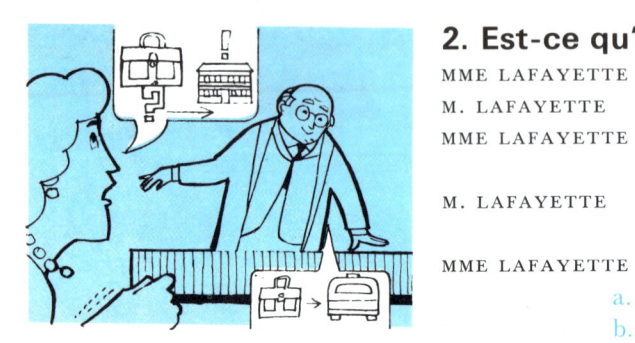

2. Est-ce qu'il a perdu sa serviette?

MME LAFAYETTE   Mais où est ta serviette? Je ne la vois pas.
M. LAFAYETTE   Je l'ai posée sur la table, n'est-ce pas?
MME LAFAYETTE   Non, elle n'est pas là. Ah, quel homme! Tu l'as laissée à l'école, sans doute.
M. LAFAYETTE   Non, je ne crois pas. Ah, mon Dieu! Je l'ai laissée dans l'autobus.
MME LAFAYETTE   C'en est trop! Tu es vraiment impossible, Alphonse!

    a. Est-ce que M. Lafayette a perdu sa serviette?
    b. Où est-ce qu'il l'a laissée?
    c. Est-ce que sa femme est contente?

3. Est-ce que M. Lafayette a tout maintenant?

M. LAFAYETTE   Mais mon chapeau, où est-il? L'avez-vous vu?
L'EMPLOYÉ   Je n'ai pas vu votre chapeau, monsieur. Mais j'en ai des dizaines ici.
M. LAFAYETTE   Ah, je sais. Je ne l'ai pas mis ce soir. Il doit être à la maison... ou peut-être à l'école... ou dans l'autobus....
L'EMPLOYÉ   Ah, quel homme!

    a. Qu'est-ce que M. Lafayette ne trouve pas?
    b. Est-ce que l'employé l'a vu?
    c. Où est-il, son chapeau?

4. Mme Lafayette est en colère

Elle est en colère parce qu'elle veut sortir pour aller voir son amie Catherine. Elle a préparé le dîner pour six heures et demie, et maintenant il est tout froid. M. Lafayette rentre à huit heures—deux heures en retard!
Et pourquoi a-t-il sonné à la porte?
Où sont ses clefs?
Qu'est-ce que Mme Lafayette dit à son mari?
Qu'est-ce qu'il répond?

Pratique

8

Modèle A
(voir à la page 132)

où	est	mon	sac? appareil?	le	voici,	je	l'	ai	trouvé
		ma	serviette?	la					trouvée
	sont	mes	gants? disques?	les			les		trouvés
			lunettes? chaussures?						trouvées

Exercice 1

exemple

Qui a cassé le verre?
Jean-Paul l'a cassé.

Qui a trouvé l'argent?	Qui a acheté le café?	Qui a préparé le déjeuner?	Qui a lavé la vaisselle?	Qui a caché la lettre?

Exercice 2

exemple
Tu as apporté les provisions?
Oui, je les ai apportées.

Tu as	fini tes devoirs? choisi les disques?	rangé les livres? vendu les pommes?	lu les journaux?

Exercice 3

Continuez comme dans l'exemple
exemple
J'ai perdu mon stylo.
L'as-tu trouvé? Non, je l'ai cherché, mais je ne l'ai pas trouvé.

J'ai perdu	mon cahier ma guitare	mon argent mes clefs	mon crayon mes timbres	ma montre mes livres

Modèle B
(voir à la page 132)

tu as des	verres? tasses? assiettes?	j'en	ai acheté	trois cinq beaucoup

Modèle C
(voir à la page 132)

tu as	passé la matinée en ville? acheté des provisions au marché? rencontré quelqu'un à la gare?	oui, j'	y	ai	passé deux heures acheté des provisions rencontré Pierre

Exercice 4

exemple

Qui est-ce que Marc a rencontré au café?
Il y a rencontré Jean-Paul.

Composition: Dimanche après-midi

Écoutez l'histoire, puis répondez à ces questions:

1. Quel jour est-ce?
2. Qu'est-ce que M. Marsaud vient de faire?
3. Qu'est-ce qu'il a décidé de faire?
4. Qui est dans le café?
5. Qu'est-ce que les jeunes gens boivent?
6. Qui regarde la télévision?
7. M. Marsaud, comment va-t-il?
8. Qu'est-ce qu'il ne veut pas faire?
9. Pourquoi?
10. Où est-ce qu'il rentre?
11. Qu'est-ce qu'il veut faire?
12. Que font Jean-Paul et ses amis?
13. Que font Claudette et ses amies?
14. Où va M. Marsaud?
15. Qui est là?
16. Que fait Mme Marsaud?
17. Où est-ce que M. Marsaud a décidé d'aller?
18. Où est-ce qu'on peut s'asseoir au jardin public?
19. Qu'est-ce que M. Marsaud entend quand il arrive?
20. Quelle sorte de concert est-ce?

Un concert de musique militaire

Modèle D

EXTRA

PASSÉ COMPOSÉ, verbes irréguliers
(*voir à la page 138*)

BOIRE	j'ai	bu	trois tasses de café deux verres de limonade
VOIR		vu	Jean-Paul dans la cour des tigres au cirque
LIRE		lu	un livre la lettre de mon oncle
DEVOIR		dû	me reposer
VOULOIR		voulu	travailler
PRENDRE		pris	un verre de limonade une glace
METTRE		mis	un chandail mes livres dans mon sac
ÉCRIRE		écrit	une lettre à grand-mère **deux exercices**
DIRE		dit	bonjour au professeur

Exercice 5

Pourquoi? Donnez la raison.
exemple
M. Lafayette n'a pas de serviette.
Il a laissé sa serviette dans l'autobus.
ou
Il l'a perdue.

1. M. Lafayette n'a plus d'argent.
2. Aujourd'hui, je n'ai pas de devoirs.
3. Marc n'a pas faim.
4. Claudette et Marie-France ont froid.
5. Jean-Paul n'a pas de bonbons aujourd'hui.
6. M. Lafayette ne trouve pas son parapluie.
7. Je ne peux pas sortir ce soir.
8. Mme Marsaud n'a pas de chapeau.
9. Tu dois aller au bureau des objets trouvés.
10. Il faut prendre un taxi.

AU BUREAU DES OBJETS TROUVÉS

Si l'on perd quelque chose dans le train ou dans un autobus, il faut aller le chercher au bureau des objets trouvés.

Avez-vous jamais perdu quelque chose? Pouvez-vous décrire l'objet perdu?

De quelle couleur est-il?

Est-il grand ou petit?

Est-il lourd?

Est-il neuf ou vieux?

Est-il en bois, en métal, en plastique?

AU MARCHÉ AUX PUCES

Marc et Jeanne veulent acheter des tableaux pour décorer leur appartement, mais ils n'ont pas beaucoup d'argent. Ils vont donc au Marché aux Puces à Paris chercher des tableaux. Qu'est-ce qu'ils disent aux marchands? Est-ce qu'ils trouvent des tableaux? Combien est-ce qu'il faut payer?

Pourquoi pas essayer de vendre des tableaux à vos copains? Bien entendu, il faut d'abord dessiner les tableaux!

Qu'est-ce qu'on trouve au Marché aux Puces?

9 La bataille

C'est un samedi vers la fin de janvier. Il fait très froid depuis trois jours. Il a neigé hier soir et pendant la nuit. Jean-Paul a fini ses devoirs. Il ne veut pas rester à la maison, parce qu'il n'a rien à faire. Il va donc chercher ses amis.

Personne ne veut rester en ville, parce que, même s'il fait froid, le soleil brille. Il ne neige plus. Jean-Paul et ses amis décident donc d'aller au lac. Là, on peut jouer sur la glace et dans la neige.

Il est impossible d'aller au lac en vélo et les garçons ne veulent pas y aller en autobus. Alors, ils se mettent en route à pied . . .

A

1
2
3
4
5
6

[1] «Enfin, nous voici au lac», crie Jean-Paul. «Attention, Michel! Ça glisse!» Mais c'est trop tard. Michel tombe dans la neige. [2] Les garçons s'asseyent pour mettre leurs patins, mais Henri dit qu'il est impossible de patiner. [3] Il y a trop de neige sur la surface de la glace. [4] «Alors, jouons aux boules de neige», crie Jean-Paul. Et il lance une boule de neige à la figure de Michel! [5] «Non, non! Faisons un château de neige», dit Pierre. «Bonne idée!» répond Jean-Paul. «Et après, on peut se battre.» [6] Les copains se mettent au travail et ils ont bientôt fini le château de neige.

Répondez s'il vous plaît
Regardez les images 1–6

1. Où est-ce que les garçons viennent d'arriver?
   Que fait Michel?
2. Qu'est-ce que les garçons vont faire?
   Qu'est-ce qu'ils veulent faire?
3. Est-ce qu'ils peuvent patiner?
   Pourquoi pas?
4. Que fait Jean-Paul?
   Qui est-ce qu'il attaque?
5. Qu'est-ce que Pierre veut faire?
   Qu'est-ce que Jean-Paul veut faire?
6. Qu'est-ce que les garçons ont fait?
   Avec quoi l'ont-ils fait?

B

7 8 9

10 11 12

[7] «Enfin, j'ai fini la tour», dit Michel. [8] «Mais, regardez là-bas, vous autres. Voilà des filles. Elles sortent du bois. [9] Elles ne savent pas que nous sommes là. Nous pouvons les attaquer.» [10] «Vite, faites des boules de neige», crie Henri. «Moi, j'en ai déjà fait beaucoup.»

[11] Maintenant, tout est prêt. Trois filles sortent du bois. [12] Mais, qu'est-ce que c'est? Il y a au moins six filles. Elles attaquent les garçons par derrière avec beaucoup de boules de neige! Enfin, ce sont les filles qui gagnent la bataille!

Répondez encore une fois

Regardez les images 7–12

7. Où sont les copains?
   Qu'est-ce que Michel a fait?
8. Qui sort du bois?
   Qui les a vues le premier?
9. Qu'est-ce que les filles ne savent pas?
   Qu'est-ce que Michel veut faire?
10. Que font les garçons?
    Qu'est-ce qu'Henri a déjà fait?
11. Que font les trois filles?
    Qu'est-ce que les garçons vont faire?
12. Qui gagne la bataille?
    Comment gagnent-elles?

⊙ Conversations

1. Que faire?

PIERRE Non, je ne veux plus jouer aux boules de neige. Attendez, les gars, j'ai une idée.
MICHEL Moi aussi! Rentrons tout de suite. J'ai froid, moi.
PIERRE Non, je veux dire, pourquoi ne pas faire un château de neige?
HENRI Sensationnel! Vite, allons-y!
JEAN-PAUL Et après, on peut se battre.

a. Quelle est l'idée de Pierre?
b. Pourquoi Michel veut-il rentrer?
c. Qu'est-ce que les garçons vont faire?

2. Tout est prêt

PIERRE Voilà, nous sommes prêts. Où sont les filles maintenant?
HENRI Je ne sais pas. Je ne vois personne.
JEAN-PAUL En voilà trois dans le bois. Où sont les autres?
MICHEL Il y a cinq minutes j'ai vu au moins six filles. Maintenant je n'en vois que trois.
HENRI Les autres ont pris un autre chemin, sans doute. Je ne les vois plus.
JEAN-PAUL Prenez des boules. Nous allons les attaquer.

a. Où sont les trois filles?
b. Où sont les autres?
c. Combien de filles y a-t-il?

3. À l'attaque!

PIERRE Aïe! Attention! Elles nous attaquent par derrière!
MICHEL Pouah, j'ai attrapé une boule dans le cou! Que j'ai froid!
UNE FILLE À l'attaque, les filles!
JEAN-PAUL Sauvez-vous, les gars!
UNE AUTRE FILLE Mais, il n'y a personne dans le château. Nous les avons chassés! Bravo, mes amies! Nous avons gagné la bataille! Maintenant, le château de neige est à nous!

a. Que font les filles?
b. Pourquoi Michel a-t-il froid?
c. Que font les garçons quand les filles les attaquent?

4. Impossible de patiner!

Enfin, les copains arrivent au lac. Ils s'asseyent dans la neige pour mettre leurs patins, car ils veulent patiner aussi vite que possible. C'est Henri qui marche sur la surface glacée du lac.

Impossible d'y patiner, car il y a au moins vingt centimètres de neige sur la glace. Alors, Michel veut rentrer à la maison, Jean-Paul veut jouer aux boules de neige et Pierre veut faire un château de neige.

Imaginez la conversation des quatre copains.

Pratique 9

Modèle A
(voir à la page 133)

où vas-tu,	Jean-Paul? Henri?	Michel Hélène	m'	a	invité	à une surprise-partie
	Claudette? Gaby?				invitée	

Modèle B

salut,	Jean-Paul Pierre	est-ce que Michel	t'	a	invité	à la surprise-partie?
	Claudette Hélène				invitée	

Exercice 1

Claudette parle à Jean-Paul. Qu'est-ce qu'il répond?

exemple
Est-ce que Michel t'a invité au pique-nique?
Oui, il m'a invité au pique-nique.

1. Est-ce que M. Lafayette t'a remarqué?
2. Est-ce que le fermier t'a chassé?
3. Est-ce que Gaby m'a vue en ville?
4. Est-ce qu'Henri t'a retrouvé?
5. Est-ce que Marc m'a cherchée?

Modèle C

vous allez chez Henri,	Jean-Paul et Pierre? Jean-Paul et Claudette?	Oui, il	nous	a	invités
	Claudette et Gaby? Monique et Marie-France?				invitées

Modèle D

monsieur,	est-ce que Pierre	vous	a	invité?
madame,				invitée?
Henri et Michel,				invités?
Claudette et Gaby?				invitées?

Exercice 2

Faites des phrases en employant les pronoms *me, te, nous, vous* avec le passé composé.

Voici des mots utiles:

Où?	inviter	chercher
Qui?	voir	trouver
Quand?	écouter	attaquer
	rencontrer	attraper

Modèle E

PERSONNE
(voir à la page 133)

personne ne	veut danser avec Henri
	parle au vieux monsieur
	va jouer au football aujourd'hui
	sait jouer de l'accordéon

Exercice 3

Répondez comme dans l'exemple.
exemples

Qui va jouer de la batterie?
Personne ne va jouer de la batterie.
Qui va jouer au volley-ball?
Personne ne va jouer au volley-ball.

Une promenade en voiture

Grand-père a une belle voiture blanche. Il y a deux semaines, il a décidé de faire une courte promenade en voiture à la campagne. Grand-mère a mis des sandwichs dans un panier, et ils ont pris du café pour boire en route.

Ils ont décidé de prendre les petites routes de campagne, parce qu'il y a toujours trop de voitures et de camions sur les grandes routes. Ils sont partis vers midi; ils ont roulé pendant une demi-heure le long d'une petite route. Alors, grand-père a vu devant lui un énorme camion. Il a donné un coup de klaxon, mais le chauffeur du camion n'a pas voulu le laisser doubler.

Grand-père a dû rester derrière le camion pendant quinze kilomètres. Enfin, il a réussi à le doubler. Un quart d'heure plus tard, il a rencontré un troupeau de vaches sur la route, mais il n'a pas pu les doubler, car les routes de campagne sont très étroites.

Grand-père a décidé de s'arrêter un moment pour boire du café et pour laisser les vaches entrer dans le champ. Il a bu du café, et grand-mère lui a passé un sandwich. Puis, il a décidé de repartir; c'est alors qu'il a entendu un coup de klaxon, et l'énorme camion l'a doublé!

La semaine dernière, les Marsaud ont fait une promenade en voiture à la campagne. Ils sont partis à dix heures du matin, et ils ont passé quelques heures très agréables loin de la ville.

Jean-Paul et Claudette ont écrit une lettre à leurs correspondants étrangers. Ils leur ont raconté leur journée. Qu'est-ce qu'ils ont écrit?

Modèle F
IL Y A = ago
(*voir à la page 134*)

Exercice 4
exemple
Quand as-tu vu Henri?
Je l'ai vu il y a vingt minutes.

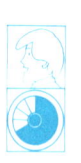

| j'ai | vu rencontré | M. Lafayette Henri Gaby | il y a | dix minutes une heure un quart d'heure |

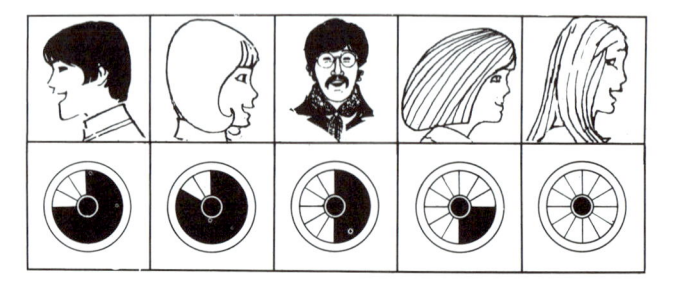

Les mots croisés

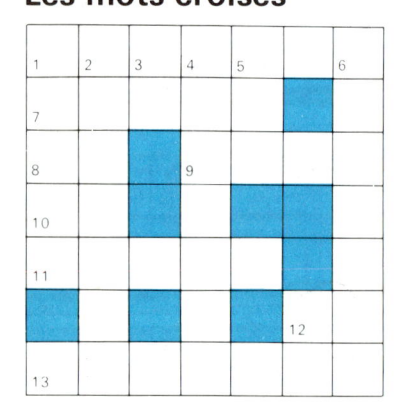

HORIZONTALEMENT
1 Le jour de la rentrée on y rentre. (1, 1, 5)
7 On le trouve sur une jambe. (5)
8 «Henri, tu ... en retard!» (2)
9 Douze heures. (4)
10 «Tu ... travailles pas!» (2)
11 On va au tir pour ... (5)
12 «... sont des stylos.» (2)
13 Après les vacances on doit ... à l'école. (7)

VERTICALEMENT
1 Il arrête les voitures et quelquefois les chauffeurs! (5)
2 Un jour après le quinze. (2, 5)
3 Il fait chaud ... été. (2)
4 «Bonjour, monsieur; ... allez-vous?» (7)
5 Je ne dis pas que non. (3)
6 Chez lui on achète du sucre. (7)
12 «Regarde ... bateau-là!» (2)

LES SPORTS ET LES DIVERTISSEMENTS 9

Les jeunes Français aiment bien les sports. En été, ils jouent au tennis, au volley-ball ou au basket-ball, et pendant l'hiver les garçons jouent au football et au rugby.

Les vieux aussi sont souvent ▶ sportifs. Partout en France, on voit des parties de boules.

Même les petits aiment le jeu de pétanque.
▼

◀ Mais, si l'on n'est pas sportif, il y a beaucoup à faire ▶ pour s'amuser. On peut jouer de la guitare, faire une collection de timbres, faire de la photographie—ou, tout simplement, écouter des disques, jouer aux échecs avec les copains, ou lire un livre tout seul.
▼

À toi maintenant!

Qu'est-ce que tu aimes faire comme passe-temps? Es-tu sportif, ou est-ce que tu préfères la musique, les livres, le cinéma ou la télévision?

10 Le match

Papa est un vrai sportif; c'est à dire qu'il aime regarder les sports à la télévision. Il ne joue plus depuis longtemps, et il ne sort jamais pour aller à un match. Il préfère rester confortablement assis à la maison. Il aime surtout regarder les matchs de rugby.

Un dimanche, vers la fin de février, un match très important a eu lieu à Paris—la France contre l'Angleterre. Papa et Jean-Paul ont décidé de regarder ce match. Michel n'a pas de télévision chez lui, et Jean-Paul l'a invité à venir voir le match chez nous. Maman et Claudette n'aiment pas du tout les sports. Elles ont donc décidé de sortir. Et moi? Attendez, vous allez voir...

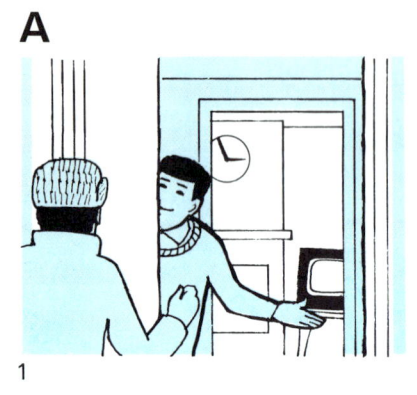

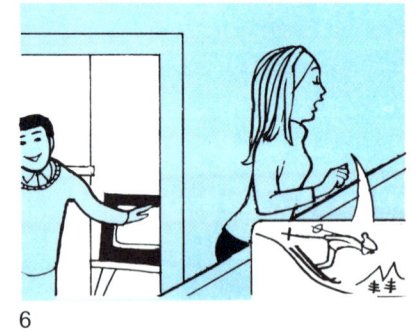

A

[1] Quand Michel est arrivé chez les Marsaud, Jean-Paul a ouvert la porte et Michel est entré. [2] «Bonjour Michel», a dit Mme Marsaud. «Tu es sans doute venu voir le match?» «Oui», a répondu Jean-Paul. «Et papa va le voir avec nous.»

[3] «Où est Claudette? Est-elle déjà sortie.» «Non, elle est montée dans sa chambre», a dit Jean-Paul. [4] À ce moment-là, Claudette est descendue et Mme Gautier est arrivée. [5] Les deux femmes et Claudette sont parties dans la voiture de Mme Gautier. Marie-France est entrée dans le salon. «Tu ne vas pas avec maman?» a demandé Jean-Paul. «Elle est allée au cinéma. [6] Ah non, tu es restée chez nous pour voir le match, n'est-ce pas?» «Certainement pas! Je déteste tous les sports, sauf le ski!» Et Marie-France est montée dans sa chambre.

Répondez s'il vous plaît

Regardez les images 1–6

1. À quelle heure Michel est-il arrivé? Qu'est-ce que Jean-Paul a fait?
2. Que fait M. Marsaud? Que va-t-il faire?
3. Qui vient de monter? Où est-elle montée?
4. Qui est arrivé à ce moment-là? Qui est descendu?
5. Qui vient de partir? Où sont-elles allé
6. D'où est-ce que Marie-France est sort Est-ce qu'elle aime les sports?

B

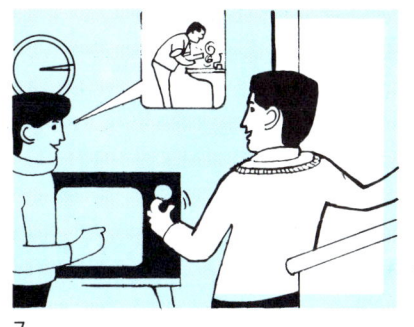

7

8

9

10

11

12

[7] M. Marsaud est rentré à la maison. Il est monté dans la salle de bains pour se laver. Jean-Paul a mis le poste. [8] Mais l'image n'est pas arrivée. «Zut!» a dit Michel. «Le téléviseur est en panne. Allons voir le match chez Guy.»

[9] Les garçons sont partis. M. Marsaud a voulu emprunter le transistor de Marie-France. «Impossible!» a dit Marie-France. «Il est en panne!» [10] À ce moment-là, Robert est arrivé. «Ah bon», a dit Marie-France. «Nous pouvons aller au cinéma.» [11] «Mais non», a dit Robert. «Je suis venu voir le match.» «Euh... Robert», a dit M. Marsaud. «Il faut d'abord réparer le poste. Vous êtes ingénieur, n'est-ce pas?» [12] Là-dessus, Marie-France s'est fâchée. «C'en est trop!» a-t-elle dit. «Moi, je vais rejoindre maman et Claudette au cinéma!»

Répondez encore une fois
Regardez les images 7-12

7. Qu'est-ce que Jean-Paul a fait? Pourquoi M. Marsaud est-il monté dans la salle de bains?
8. Pourquoi l'image n'est-elle pas arrivée? Où est-ce que les copains sont allés?
9. Qui est parti? Qu'est-ce que M. Marsaud a voulu emprunter?
10. Qui est arrivé? Qu'est-ce que Marie-France a voulu faire?
11. Pourquoi Robert est-il venu? Qu'est-ce qu'il faut faire?
12. Qu'est-ce que Marie-France a fait? Où est-ce que sa mère et sa sœur sont allées?

Conversations

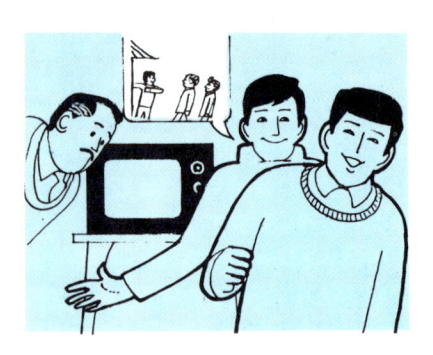

1. L'heure du match

M. MARSAUD Mets donc le poste, Jean-Paul. C'est déjà l'heure du match.
JEAN-PAUL Mais je l'ai déjà mis. L'image n'est pas arrivée?
M. MARSAUD Non, ni le son. Zut alors, le poste ne marche pas!
MICHEL Henri et Pierre sont allés chez Guy regarder le match. Vite, allons-y, Jean Paul!
JEAN-PAUL D'accord. Au revoir, Papa. Amuse-toi bien!

a. Qu'est-ce qui ne marche pas?
b. Qu'est-ce que Jean-Paul a déjà fait?
c. Qui est allé chez Guy?

2. Que faire?

M. MARSAUD Marie-France, veux-tu me prêter ton transistor? Je veux écouter le match.
MARIE-FRANCE Impossible, Papa, il est en panne. La télé ne marche pas?
M. MARSAUD Elle aussi est en panne. Zut alors, qu'est-ce que je vais faire?
MARIE-FRANCE Où sont les garçons? Ils sont partis comme le vent.
M. MARSAUD Ils sont allés chez un ami pour voir le match. Mon Dieu! Je vais le manquer, moi!

a. Qu'est-ce que M. Marsaud veut emprunter?
b. Pourquoi?
c. Qui est parti? Comment?

3. L'ingénieur

MARIE-FRANCE Ça alors! Tu es venu me voir, et tu commences à réparer la télé!
ROBERT Mais, je suis venu voir le match, Marie-France. C'est le match France-Angleterre.
MARIE-FRANCE C'en est trop! Papa, où est-ce que maman et Claudette sont allées?
M. MARSAUD Elles sont allées au cinéma Studio, je crois.
MARIE-FRANCE Moi aussi, je vais au Studio. Au revoir, Robert. Je suis restée à la maison pour te voir.
ROBERT Mais Marie-France, ne veux-tu pas voir le match? Ah, les femmes!

a. Qu'est-ce que Robert commence à faire?
b. Pourquoi est-il venu?
c. Pourquoi Marie-France est-elle restée à la maison?

4. Une dispute

À l'aide de ces questions, imaginez la conversation de Jean-Paul et Marie-France.

Qu'est-ce que Marie-France va faire?
À qui est la voiture?
Où est Mme Marsaud?
Où est Claudette?
Où sont-elles allées?
Avec qui y sont-elles allées?
Est-ce que Marie-France veut aller au cinéma?
Est-ce qu'elle veut voir le match?
Qu'est-ce qu'elle va faire?

Pratique

Modèle A

LE PASSÉ COMPOSÉ AVEC ÊTRE
(*voir à la page 135*)

Michel	est	arrivé	de bonne heure
Hélène		arrivée	à l'heure du match
ils	sont	arrivés	avant le déjeuner
elles		arrivées	à trois heures

Exercice 1

exemple

À quelle heure est-ce que Jean-Paul est arrivé?
Il est arrivé à huit heures.

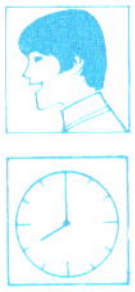

Modèle B

(c'est Jean-Paul qui parle)	je suis	arrivé	trop tard
(c'est Claudette qui parle)		arrivée	il y a cinq minutes
(ce sont Henri et Michel qui parlent)	nous sommes	arrivés	avant les autres
(ce sont Gaby et Hélène qui parlent)		arrivées	avec Marc

Modèle C

(Jean-Paul parle à Pierre)	tu es	arrivé	à dix heures(?)
(Jean-Paul parle à Claudette)		arrivée	après grand-père(?)
(Jean-Paul parle à Henri et Pierre)	vous êtes	arrivés	à la fin de l'acte(?)
(Jean-Paul parle à Claudette et Gaby)		arrivées	

Exercice 2

exemple

À quelle heure es-tu arrivée, Claudette?
Je suis arrivée à six heures et demie.

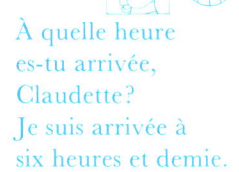

Modèle D

MONTER	elle est	montée	dans sa chambre
ALLER		allée	au club
ENTRER		entrée	avec Jean-Paul
TOMBER		tombée	de l'arbre
SORTIR		sortie	ce matin
PARTIR		partie	en voiture
VENIR		venue	voir le match de tennis
DESCENDRE		descendue	de sa chambre
RESTER		restée	à la maison

Composition : À l'attaque !

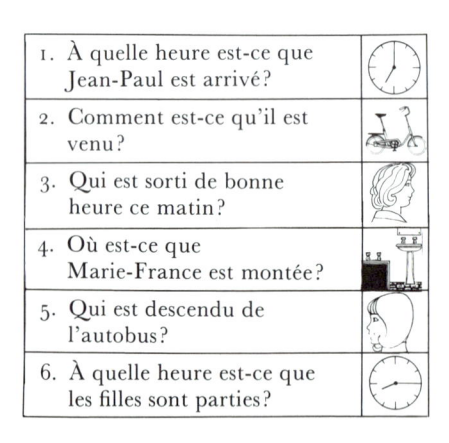

1
2
3
4
5
6

Exercice 3 EXTRA

1. À quelle heure est-ce que Jean-Paul est arrivé?	
2. Comment est-ce qu'il est venu?	
3. Qui est sorti de bonne heure ce matin?	
4. Où est-ce que Marie-France est montée?	
5. Qui est descendu de l'autobus?	
6. À quelle heure est-ce que les filles sont parties?	

À toi maintenant !

1. Où es-tu allé hier soir? Es-tu sorti avec tes amis?
2. Est-ce que ta mère est restée à la maison ce matin?
3. À quelle heure es-tu arrivé à l'école ce matin? Es-tu arrivé en retard?
4. À quelle heure est-ce que ton père est sorti ce matin?
5. Est-ce que tes parents sont allés au cinéma hier soir?
6. Est-ce que tes amis sont arrivés à l'école avant toi ce matin?
7. Est-ce qu'un de tes amis est venu te voir hier soir?
8. Est-ce que tes amis sont allés faire du ski pendant l'hiver?

EN VILLE

Au centre de Tourville se trouve la place. C'est ici que les habitants de la ville viennent faire leurs achats les jours de marché. C'est ici qu'on retrouve ses amis et passe une demi-heure à parler avec eux et à regarder tout ce qui se passe...

Sur la place il y a des cafés. On peut s'asseoir à la terrasse d'un des cafés pour prendre un café, un verre de vin ou de bière.

De l'autre côté de la place on voit l'église.

En face de l'église, pas loin du café, se trouve le garage.

Les autobus arrivent sur la place et en partent à toutes heures.

Dessinez une carte de la ville de Tourville, et posez des questions à vos voisins au sujet de la ville.
Écrivez une lettre à un correspondant français. Parlez-lui de la ville ou du village où vous habitez.

11 Un accident

Marie-France et moi, nous croyons que notre frère est très paresseux. Mais Michel, un des amis de Jean-Paul, n'est pas du tout paresseux. Il aime travailler. Il aime aussi gagner de l'argent. Il en a déjà gagné assez pour acheter un vélomoteur. Maintenant, il doit travailler pour payer l'essence et l'huile. Il travaille pendant les vacances au café, et quelquefois il fait des commissions pour les marchands de la ville.

Aujourd'hui, nous avons un jour de congé. C'est à dire que nous n'allons pas à l'école. Michel aide M. Lucas, l'épicier. Il fait des commissions pour lui.

A

[1] Mme Fournier vient de téléphoner à M. Lucas. Il a oublié de lui envoyer du café. [2] Michel peut lui livrer le café en route pour le Café de la Gare, où il va livrer des provisions.

[3] Quand Michel est arrivé au Café de la Gare, il a rencontré Henri. Henri a regardé le vélomoteur neuf. «Tu peux monter dessus», a dit Michel, «mais je ne te permets pas de démarrer. [4] J'ai travaillé au café pour le payer, et mon père m'a prêté de l'argent aussi.»

[5] Michel est allé livrer le café, et Jean-Paul est arrivé. Lui aussi est monté sur le vélomoteur. [6] Soudain, Henri a démarré, et le vélomoteur est parti à toute vitesse!

Répondez s'il vous plaît

Regardez les images 1–6

1. Qui a téléphoné à M. Lucas?
   Qu'est-ce que M. Lucas doit lui envoyer?
2. Où est-ce que Michel doit aller?
   Qu'est-ce qu'il doit y livrer?
3. À qui est le vélomoteur neuf?
   Qu'est-ce qu'Henri ne peut pas faire?
4. Où est-ce que Michel a travaillé?
   Qu'est-ce que son père lui a prêté?
5. Qui est arrivé?
   Qui est monté sur le vélomoteur?
6. Qu'est-ce qu'Henri a fait?
   Comment est-ce que le vélomoteur est parti?

11

B

| 7 |  8 |  9 |
|  10 |  11 |  12 |

[7] Quand Michel est sorti du café, il n'a pas pu trouver son vélomoteur. Il est donc allé informer un agent. [8] «Monsieur l'agent», a crié une femme, «je viens de voir deux garçons avec un vélomoteur. Ils sont partis vers la place du Marché.»

[9] Sur la place du Marché, Michel et l'agent ont trouvé le vélomoteur, par terre, tout couvert d'œufs, et des marchands très fâchés. [10] «Vous devez leur payer les œufs cassés et les tomátes», a dit l'agent à Jean-Paul et Henri. [11] «Vous devez laver le vélomoteur de ce jeune homme. [12] Et vous pouvez faire ses commissions pour lui—à pied!»

Répondez encore une fois

Regardez les images 7–12

7. Qu'est-ce que Michel a perdu?
   À qui est-ce qu'il parle?
8. Qui leur parle?
   Où est-ce que les garçons sont allés?
9. Où est le vélomoteur?
   Qui est très fâché?
10. Qu'est-ce que les garçons doivent payer aux marchands?
    Qui leur a dit de payer?
11. Qu'est-ce qu'ils doivent laver?
    Qui leur a dit de le laver?
12. Qu'est-ce que les garçons doivent faire?
    Comment vont-ils faire les commissions?

67

Conversations

1. Un coup de téléphone

M. LUCAS — Zut, j'ai oublié de te donner du café pour Mme Fournier. Elle vient de me téléphoner.

MICHEL — Je suis déjà allé chez elle. Je lui ai livré un gros sac de provisions.

M. LUCAS — Oui, mais j'ai promis de lui envoyer un grand paquet de café.

MICHEL — Alors, donnez-moi le paquet. Je vais le livrer plus tard.

   a. Où est-ce que Michel est déjà allé?
   b. Qu'est-ce qu'il lui a déjà livré?
   c. Pour qui est le café?

2. En route!

HENRI — Comment est-ce qu'on démarre? Michel ne m'a pas dit comment le faire.

JEAN-PAUL — N'essaie pas, Henri. Michel ne t'a pas permis de démarrer.

HENRI — Ah voilà! Oh, on part!

JEAN-PAUL — Arrête-le, arrête-le, Henri!

HENRI — Je ne peux pas, je ne sais pas comment l'arrêter!

JEAN-PAUL — Aïe! Au secours!

   a. Qu'est-ce qu'Henri a essayé de faire?
   b. Est-ce que Michel lui a permis de démarrer?
   c. Qu'est-ce qu'Henri ne sait pas faire?

3. L'accident

MICHEL — Oh, regardez-moi ça, tous ces étalages renversés, et voilà mon pauvre vélo, par terre.

UN MARCHAND — Monsieur l'agent, arrêtez ces petits fripons!

UNE MARCHANDE — Ils ont renversé mon étalage avec toutes mes tomates.

LE MARCHAND — Et ils ont cassé tous mes œufs. Je leur ai dit qu'ils doivent les payer.

MICHEL — Mon vélo est couvert d'une omelette aux tomates!

   a. Comment sont les étalages?
   b. Qu'est-ce que le marchand demande à l'agent?
   c. Qu'est-ce que les garçons ont cassé?

4. La fin du jeu

Notre imprimeur a mis ces phrases sur la mauvaise ligne. Mettez-les en ordre.

LE MARCHAND — Mais pourquoi l'as-tu fait? Je t'ai dit de ne pas démarrer.

LA MARCHANDE — Je te demande pardon, Michel. Je n'ai pas voulu démarrer.

MICHEL — Si vous ne les payez pas, jeune homme, je vais vous arrêter.

L'AGENT — Qui va me payer les œufs cassés?

HENRI — Mes pauvres tomates! Qui va me payer mes pauvres tomates? Elles sont toutes écrasées!

Puis, imaginez la fin de la conversation.

68

Pratique

11

Modèle A
L'OBJET INDIRECT
(*voir à la page 132*)

| tu | offres as offert | un cadeau | à | Michel? Pierre? Gaby? Hélène? | oui, je | lui | offre ai offert | un cadeau |

Exercice 1

exemple

Qu'est-ce que Jean-Paul a donné à Gaby?
Il lui a donné un livre.

Modèle B

| tu | prêtes as prêté | des disques | aux | garçons fillettes? | oui, je | leur | prête ai prêté | des disques |

Exercice 2

exemple

Qui a donné de l'argent aux enfants?
M. Marsaud leur a donné de l'argent.

1 2 3 4

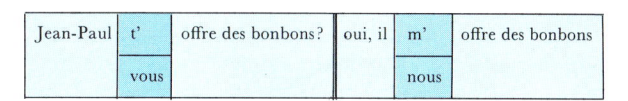

Modèle C

| Jean-Paul | t' / vous | offre des bonbons? | oui, il | m' / nous | offre des bonbons |

Modèle D

est-ce un paquet pour	Henri?	oui, c'est pour	lui	donne	-lui	le paquet
	Gaby?		elle			
	les garçons?		eux		-leur	
	les filles?		elles			
	moi?		toi		-moi	
	nous?		vous		-nous	

Exercice 3

1. Qui est allé au théâtre avec Marie-France?
2. À quelle heure est-ce que Michel est allé chez Jean-Paul?
3. Qu'est-ce que tu as emprunté à Hélène?
4. Ce cadeau est pour moi?
5. Ces fleurs sont pour maman?
6. Tu vas rentrer chez les Gillot?

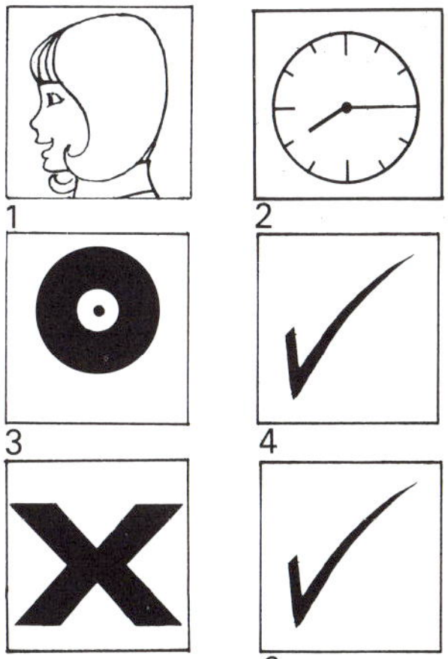

69

Les agents et les gendarmes

Deux motards sur une autoroute

En France, il y a beaucoup de policiers. On voit les agents de police surtout dans les grandes villes. Ce sont eux qui dirigent la circulation dans la ville.

À la campagne, on trouve les gendarmes, et sur les grandes routes on voit partout les 'motards', les gendarmes de la route. Si un chauffeur de voiture essaie de doubler à un endroit dangereux—et surtout s'il traverse la ligne jaune au milieu de la route, il voit deux motards qui l'attendent!

Donc, quand vous êtes en vacances en France, dites à votre père de faire attention et de suivre le Code de la Route.

Un agent de police qui dirige la circulation

Modèle E EXTRA
(*voir à la page 134*)

j'ai	dit demandé permis	aux	garçons	de	m'aider
		à	Jean-Paul		

NOTEZ BIEN: Mon père (m') a promis (de me donner) un appareil.

Exercice 4

Remplacez les mots *en italique* par *lui* ou *leur*.
exemple
Il a prêté son vélo *à Claudette*.
Il lui a prêté son vélo.

1. Claudette a prêté son vélo *à Michel*.
2. Nous avons envoyé une lettre *à Marc*.
3. M. Marsaud a donné de l'argent *à son fils*.
4. Les garçons ont demandé de l'argent *à mon ami*.
5. J'ai livré du café *à la mère d'Hélène*.
6. Marc a prêté son journal *aux étudiants*.
7. Nous avons donné la tente *à nos enfants*.
8. Demandez *à vos amis* à quelle heure ils vont arriver.
9. J'ai envoyé une carte postale *à mes amis*.
10. Les filles ont prêté un électrophone *à leurs copains*.

ON TRAVAILLE   11

Est-ce que votre père travaille en ville ou à la campagne?
Est-ce qu'il travaille en plein air? Dans un magasin? Dans une fabrique? Dans un bureau?

Où est-ce qu'ils travaillent?

> M. Lucas est épicier.
> M. Beautemps est fermier.
> Robert est ingénieur.
> M. Dupont est agent de police.
> M. Bernard est gendarme.
> M. Lafayette est professeur.

Des vignerons

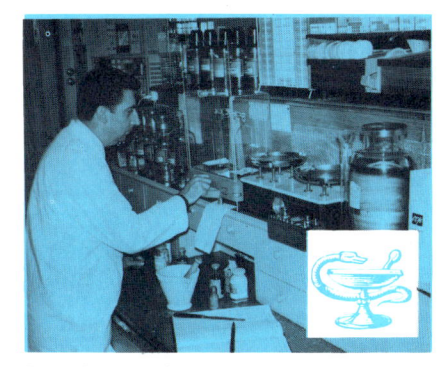

Un pharmacien

Un boulanger

Un peintre décorateur

Un boucher

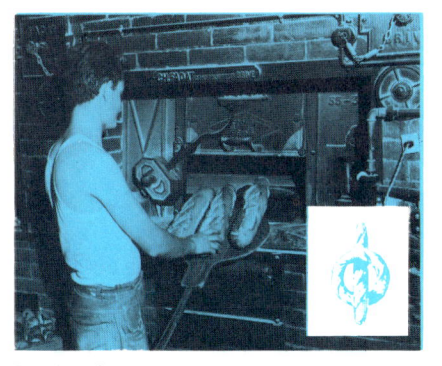

À vous maintenant!

Pourquoi ne pas jouer «Quel est mon métier?»
Choisissez un métier et puis répondez aux questions de vos copains.

Marc va organiser une chasse au trésor pour les membres du club.
Où est-ce qu'il va cacher les indications et les prix?

Voulez-vous l'aider à trouver la route?
Dessinez une carte et écrivez les instructions pour les chasseurs.

71

12 La visite d'Henri Gautier

Vous savez déjà, sans doute, qu'Henri Gautier est très vilain. C'est lui qui a pris le vélomoteur de Michel sans permission. Il est aussi très paresseux. Il n'aime pas du tout se lever le matin.

En ce moment, les parents d'Henri sont en Angleterre. Ma femme est une amie de Mme Gautier. Elle a donc invité Henri à passer le week-end chez nous.

Dimanche dernier, tout le monde est descendu de bonne heure pour prendre le petit déjeuner, sauf Jean-Paul. Même Henri est descendu de bonne heure ce matin-là . . . Mais pourquoi? Nous avons bientôt appris la raison! Et cette nuit il y a eu encore des farces. C'est un petit fripon, ce garçon-là!

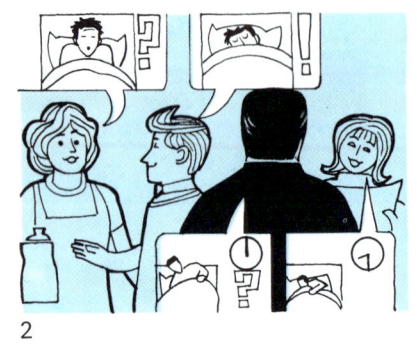

A

1 2 3

4 5 6

Répondez s'il vous plaît

Regardez les images 1–6

1. À quelle heure Henri est-il descendu?
   Qu'est-ce que Claudette a fait ce matin?
2. Est-ce que Jean-Paul s'est levé?
   À quelle heure s'est-il couché samedi soir?
3. Comment Jean-Paul est-il entré au salon?
   À quelle heure s'est-il levé?
4. Qu'est-ce que Jean-Paul a fait?
   Qu'est-ce qu'il n'a pas fait?
5. Est-ce qu'on lui a donné son petit déjeuner?
   Qu'a-t-il fait alors?
6. Qu'est-ce qu'Henri a fait?
   Est-ce que Jean-Paul trouve ça drôle?

[1] Henri a bien dormi et il s'est levé tôt dimanche matin. Claudette aussi s'est levée tôt, et elle s'est lavée aussi! [2] Jean-Paul s'est couché tôt samedi soir, mais il ne s'est pas levé avec les autres. [3] Enfin, il est entré au salon, d'un air très fatigué. «Je me suis levé à cinq heures ce matin», a-t-il dit. [4] «J'ai regardé ma montre — huit heures déjà! Alors je me suis vite habillé.» «Bien entendu, tu ne t'es pas lavé!» a ajouté Claudette. [5] «Je suis descendu, mais personne n'est arrivé pour me donner le petit déjeuner. Alors, je me suis recouché.» [6] Mais pourquoi Jean-Paul s'est-il réveillé si tôt? «Parce que moi, j'ai avancé son réveil et sa montre», a dit Henri. «Ha! Ha! Ha! C'est drôle, ça!»

72

12

B

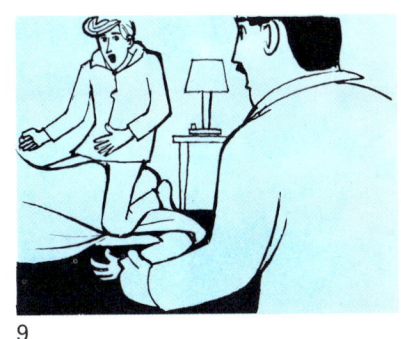

7 8 9
10 11 12

Répondez encore une fois

Regardez les images 7–12

7. Où est-ce que les filles sont entrées?
   Qui s'est réveillé?
8. Est-ce que les garçons se sont réveillés?
   Qu'est-ce que Mme Marsaud a fait?
9. Où est-ce que M. Marsaud est entré?
   Qu'est-ce qu'Henri a fait?
10. Qu'est-ce qu'on a allumé?
    Qui est-ce qu'on a trouvé?

[7] Pendant la nuit, Claudette et Marie-France sont entrées dans la chambre de leurs parents. «Papa, maman, réveillez-vous! Nous avons entendu un cambrioleur!» [8] «Les garçons ne se sont pas réveillés», a ajouté Marie-France. Mme Marsaud a réveillé son mari. [9] M. Marsaud est entré dans la chambre des garçons. Là, il a trouvé Henri, assis sur un lit. «Au secours! J'ai attrapé un cambrioleur», a crié Henri. [10] Mais quand on a allumé la lampe on a trouvé... Jean-Paul! [11] «Je me suis couvert d'un drap et je me suis caché derrière les rideaux», a-t-il expliqué. «J'ai voulu me venger d'Henri. [12] Oh, ma tête! Henri m'a frappé avec sa chaussure!»

11. Où est-ce que Jean-Paul s'est caché?
    Pourquoi?
12. Qui a mal à la tête?
    Pourquoi?

Conversations

A. Première farce

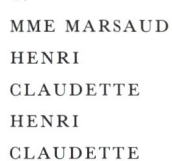

1.

MME MARSAUD — Bonjour Henri. Tu as bien dormi?
HENRI — Oui, madame. Je dors toujours très bien.
CLAUDETTE — Tiens, tu t'es levé de bonne heure ce matin, Henri!
HENRI — Oui, je me suis levé avant toi, n'est-ce pas?
CLAUDETTE — Non, je me suis levée avant toi, mais moi, je me suis lavée avant de descendre.
MME MARSAUD — Est-ce que Jean-Paul s'est réveillé?
HENRI — Non, il dort toujours. Et moi, je sais pourquoi!

2.

M. MARSAUD — Ah, te voilà enfin, Jean-Paul. Tu as l'air fatigué, mon fils.
JEAN-PAUL — Bien entendu, parce que je me suis levé à cinq heures.
MME MARSAUD — Mon Dieu! Pourquoi t'es-tu levé à cette heure-là?
JEAN-PAUL — Parce que mon réveil a sonné. Je me suis donc réveillé.

3.

MME MARSAUD — Mais pourquoi est-ce que ton réveil a sonné à cinq heures?
CLAUDETTE — Moi, je sais pourquoi. Henri, tu as avancé le réveil et la montre de Jean-Paul, n'est-ce pas?
HENRI — Oui, et tu t'es quand même levé en retard, Jean-Paul! C'est drôle, ça.
JEAN-PAUL — Je ne trouve pas ça très drôle, moi. Tu m'as eu cette fois, mais je vais me venger. Tu vas voir, toi!

B. Deuxième farce

4.

M. MARSAUD — Et maintenant vous allez tous deux vous expliquer. Dites-moi exactement ce qui s'est passé.

À l'aide de ces questions, imaginez ce que dit Jean-Paul.

JEAN-PAUL — Avec quoi s'est-il couvert?
Où s'est-il caché?
Pour quoi faire?
À quelle heure est-il sorti de derrière le rideau?

À l'aide de ces questions, imaginez ce que dit Henri.

HENRI — Qu'est-ce qu'il a entendu?
Qu'est-ce qu'il a vu?
Qu'est-ce qu'il a fait?
Comment a-t-il attrapé le cambrioleur?

Maintenant, imaginez ce que dit M. Marsaud.

Pratique

Modèle A
LE PASSÉ COMPOSÉ, VERBES AVEC SE
(*voir à la page 135*)

d'habitude				hier			
Michel	se	réveille lève couche	de bonne heure	il	s'est	réveillé levé couché	tard
Gaby				elle		réveillée levée couchée	

Exercice 1
exemple
À quelle heure Jean-Paul s'est-il levé?
Il s'est levé à neuf heures.

Modèle B

les garçons	se sont	levés lavés habillés	avant les autres
les fillettes		levées lavées habillées	

Exercice 2
exemple
Qui s'est réveillé à six heures et demie?
Claudette et Jean-Paul se sont réveillés à six heures et demie.

Modèle C

(c'est Jean-Paul qui parle)	je me suis	réveillé	à sept heures
(c'est Claudette qui parle)		réveillée	
(Jean-Paul parle à Henri)	tu t'es	levé	de bonne heure
(Jean-Paul parle à sa sœur)		levée	
(ce sont les hommes qui parlent)	nous nous sommes	couchés	à dix heures
(ce sont les femmes qui parlent)		couchées	
(Henri parle à M. Marsaud)	vous vous êtes	endormi	tard?
(Henri parle à Mme Marsaud)		endormie	
(Henri parle à M. et Mme Marsaud)		endormis	
(Henri parle à Mme Marsaud et Marie-France)		endormies	

Composition: M. Lafayette se trompe

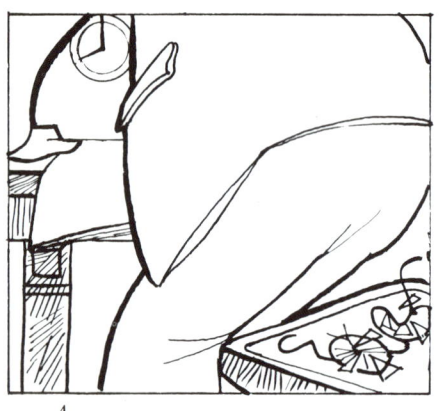

Modèle D

DORMIR = to sleep
(*voir à la page 137*)

EXTRA

Henri	dort	très bien
je tu	dors	dans le jardin en classe
les copains	dorment	jusqu'à midi
nous	dormons	
vous	dormez	
hier j'ai dormi		

Exercice 3

1. Qui s'est levé de bonne heure?

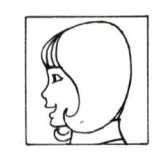

2. Qui s'est levé tard?

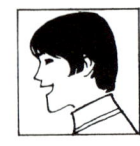

3. À quelle heure est-ce que je me suis réveillé ce matin?

4. À quelle heure t'es-tu réveillé ce matin?

5. Qu'est-ce que Jean-Paul a fait à huit heures?

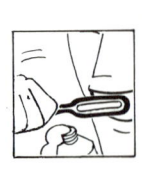

6. Qu'est-ce que Marc a fait à huit heures et quart?

LA MACHINE CHEZ NOUS   12

Mme Marsaud a une machine à laver, mais en ce moment la machine est en panne. M. Marsaud ne sait pas réparer les appareils électriques. Il faut donc téléphoner à l'ingénieur et attendre sa visite.

Mais Mme Marsaud a beaucoup à faire. Les chemises de Jean-Paul sont toutes sales, et M. Marsaud n'a plus de chaussettes propres. Mme Marsaud décide donc d'aller faire la lessive à la laverie automatique.

Si on n'a pas de machine à laver, on peut aller à la laverie libre-service.

Conversations

A. Mme Marsaud téléphone à l'ingénieur pour faire un rendez-vous. Qu'est-ce qu'elle lui dit? Quel jour est-ce qu'il va venir? À quelle heure?

B. À la laverie, Mme Marsaud rencontre son amie, Mme Rennes. Elles parlent des appareils ménagers qu'elles ont à la maison. Quelques-uns sont en panne. Est-ce que Mme Rennes va acheter une machine à laver, un aspirateur, une cuisinière électrique? Et Mme Marsaud, qu'est-ce qu'elle veut acheter? Un lave-vaisselle, peut-être.

Ici on trouve tous les appareils pour faire le ménage.

Les membres du club ont décidé de passer leur temps libre à aider les âgés de Tourville. Ils vont les aider à faire le ménage, à faire la vaisselle, à faire la lessive, et même à faire la cuisine! Jean-Paul va faire des commissions, et Michel et Pierre vont décorer l'appartement d'un vieux monsieur.

À quoi servent les machines que nous avons chez nous? Qu'est-ce que vous pouvez dire au sujet d'un aspirateur, par exemple?

Dressez la liste des choses à faire—les dates et les heures, et des membres qui vont aider les vieux. Ensuite, imaginez que vous êtes Marc et écrivez un article pour le journal au sujet du projet.

77

13 En route pour la banque

Vous vous souvenez que je travaille à la banque? Voilà maintenant deux ans que j'y travaille. Chaque jour, je prends l'autobus au coin de la rue pour aller en ville avec mes deux amies, Monique et Françoise. Monique travaille avec moi à la banque, mais Françoise travaille dans un des grands magasins près de la gare.

L'autre jour, je suis sortie de la maison à huit heures moins vingt. Quand je suis arrivée à l'arrêt d'autobus, je n'ai pas vu mes amies.

A

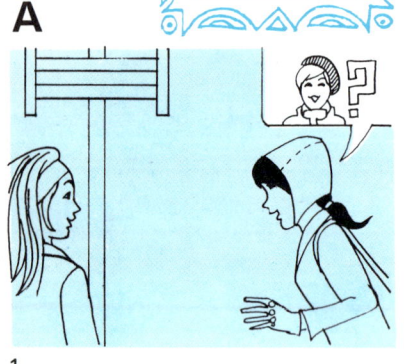

[1] Je suis arrivée la première à l'arrêt d'autobus. Puis Françoise est arrivée. «Monique n'est pas là?» a-t-elle demandé, un peu surprise. [2] Mais Monique est arrivée en même temps que l'autobus, et nous sommes montées. [3] Dans l'autobus, c'est Françoise qui a payé. Elle a toujours des carnets de tickets. Moi, je n'en ai jamais. [4] Françoise est descendue de l'autobus près de la gare. Un vieux monsieur est descendu devant elle, et il a laissé des disques et ses lunettes sur le siège. Quel homme distrait! Je crois que c'est un des professeurs de Claudette. [5] «Je ne vais pas déjeuner aujourd'hui», ai-je dit à Monique. «Je vais acheter des chaussures que j'ai vues en solde. [6] Les bottes que j'ai achetées l'autre jour, je les ai données à Claudette.»

Répondez s'il vous plaît

Regardez les images 1–6

1. Qui est arrivé à l'arrêt d'autobus?
   Qui n'est pas encore arrivé?
2. Quand est-ce que Monique est arrivée?
   Qui a dû se dépêcher?
3. Qu'est-ce que Françoise a toujours?
   Qu'est-ce que Marie-France n'a jamais?
4. Qu'est-ce que le vieux monsieur a oublié?
   Qui est-ce?
5. Qu'est-ce que Marie-France va acheter?
   Quand va-t-elle les acheter?
6. Qu'a-t-elle acheté l'autre jour?
   Qu'est-ce qu'elle en a fait?

13

B

[7] Quand nous sommes arrivées à la banque, nous avons rencontré un agent qui nous a dit de rester dehors. «Il y a peut-être des voleurs dans la banque», a-t-il dit. [8] Le directeur de la banque est arrivé avec les clefs, [9] et trois agents, armés de revolvers, y sont entrés. [10] Dedans, ils ont trouvé une simple femme de ménage! [11] «C'est moi qui ai fait marcher la sonnette d'alarme», a-t-elle expliqué. «Par erreur!» [12] Puis elle a chassé les agents, et le directeur. «Allez-vous-en! Vous avez sali le plancher que je viens de nettoyer!»

Répondez encore une fois

Regardez les images 7–12

7. Qu'est-ce que l'agent a dit aux jeunes filles?
   Qu'y a-t-il dans la banque?
8. Qui vient d'arriver?
   Qu'est-ce qu'il porte?
9. Combien d'agents y a-t-il?
   Que font-ils?
10. Qui est-ce que les agents ont trouvé?
    Combien de voleurs y a-t-il?
11. Qui a fait marcher la sonnette d'alarme?
    Comment a-t-elle fait ça?
12. Qui est-ce qu'elle chasse?
    Pourquoi?

Conversations

1. Devant la banque

MARIE-FRANCE   Regarde, Monique! Il y a une grande foule devant la banque.

MONIQUE   Voilà un agent. Il va nous empêcher d'entrer. Demandons-lui ce qui est arrivé.

MARIE-FRANCE   Monsieur l'agent, nous travaillons à la banque. Est-ce que nous pouvons entrer?

L'AGENT   Je regrette, mademoiselle, mais personne ne peut entrer.

MONIQUE   Mais pourquoi ça? Qu'est-ce qui est arrivé?

L'AGENT   Nous cherchons des voleurs qu'on a entendus dans la banque. Il y a peut-être eu un vol.

    a. Qu'y a-t-il devant la banque?
    b. Qui peut entrer à la banque?
    c. Qu'est-ce qu'il y a peut-être eu?

2. Dans la banque

L'AGENT   Haut les mains! Ne bougez pas!

LE DIRECTEUR   Les voleurs, vous les avez vus?

LA FEMME DE MÉNAGE   Les voleurs? Mon Dieu, non, je ne les ai pas vus. Je n'ai vu personne, moi.

L'AGENT   Depuis combien de temps êtes-vous ici, madame?

LA FEMME DE MÉNAGE   Je suis arrivée à six heures, comme toujours.

LE DIRECTEUR   Alors, où donc sont-ils, ces voleurs que vous n'avez pas vus, madame?

    a. Est-ce que la femme de ménage a vu les voleurs?
    b. Qui a-t-elle vu?
    c. Depuis quand est-elle dans la banque?

3. Explications

LE DIRECTEUR   Vous n'avez pas entendu la sonnette d'alarme?

LA FEMME DE MÉNAGE   Si, je l'ai entendue. Bien entendu, car c'est moi qui l'ai fait marcher—par erreur!

L'AGENT   Par erreur! Ah, zut alors, nous sommes donc venus pour rien!

LA FEMME DE MÉNAGE   C'est ça. Et vous avez sali le plancher que je viens de nettoyer. Les agents, les voleurs, les directeurs, allez-vous-en! Allez! Ouste!!

    a. Est-ce que la femme de ménage a entendu la sonnette d'alarme?
    b. Qui l'a fait marcher?
    c. Qu'est-ce que les hommes ont fait?

4. Le vieux monsieur distrait!

Oui, vous avez raison, c'est M. Lafayette, en effet, qui a laissé encore une fois ses affaires dans l'autobus. C'est Marie-France qui a trouvé ses disques, et Monique qui a trouvé ses lunettes. Elles l'ont appelé. M. Lafayette est revenu prendre ses affaires. Il s'est assis encore et a oublié de descendre de l'autobus!

Imaginez la conversation entre les filles et M. Lafayette.

Pratique

Modèle A
QUI = who, that, which
(*voir à la page 132*)

je vois voilà	l'homme la femme	qui	a	volé mon sac aidé maman
je connais	les garçons		ont	rencontré M. Lebrun
c'est	l'arbre mon appareil		est	tombé cassé
	notre voiture			partie arrivée

Exercice 1
Faites une seule phrase, en employant qui.
exemple
Voilà l'homme. Il a volé mon sac.
Voilà l'homme qui a volé mon sac.

1. Voilà l'agent. Il me cherche.
2. Voilà le marchand. Il vend des glaces.
3. J'attends l'autobus. Il passe devant l'école.
4. Voici Claudette. Elle arrive en retard.
5. Voici la lettre. Elle vient d'arriver.
6. C'est la mère de Pierre. Elle m'a donné de l'argent.
7. Je connais les garçons. Ils ont cassé la fenêtre.
8. Je cherche l'agent. Il a pris ma voiture.

Exercice 2
Répondez aux questions comme dans l'exemple.
exemple
Laquelle des robes préférez-vous?
Je préfère la robe qui est dans la vitrine.

1. Lequel des appareils préférez-vous?
2. Laquelle des montres préférez-vous?
3. Lequel des stylos préférez-vous?
4. Lequel des livres préférez-vous?
5. Laquelle des valises préférez-vous?

Modèle B
QUE, QU' = whom, that, which
(*voir à la page 132*)

voilà	l'homme l'agent le taxi	que	j'ai	vu	hier
	la fille la maison la robe			vue	
	les garçons			vus	
	les fleurs			vues	

Exercice 3
Qu'est-ce que c'est?
exemple
Ce sont les gants que vous m'avez prêtés.

Modèle C

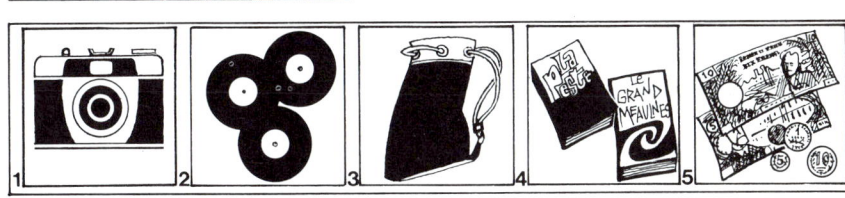

| où est | Michel?
l'autobus? | le | voilà | qui | arrive |
| | Monique?
la voiture? | la | | | |

Exercice 4
exemple

Vois-tu Michel?
Oui, le voilà qui arrive.

En voiture avec M. Marsaud

M. Marsaud conduit toujours avec beaucoup de prudence. Il conduit une voiture depuis vingt ans et il n'a jamais eu un seul accident.

Un matin d'hiver, il a pris la voiture pour aller au travail, et Marie-France l'a accompagné.

«Tu dois prendre garde, papa», a-t-elle dit, avant de monter dans la voiture. «Il gèle ce matin.»

«Bien sûr! Je conduis toujours avec prudence. Je n'ai jamais eu d'accident.» Et ils se sont mis en route.

Bientôt, ils sont arrivés au centre de la ville. Marie-France a voulu descendre près de la banque où elle travaille.

«Nous y voici, papa. Je veux descendre là-bas, près de ce vélo au bord du trottoir.»

«Très bien», a dit M. Marsaud, et il a appuyé sur le frein. Mais la voiture ne s'est pas arrêtée. Elle a glissé sur la route gelée, et... Boum! Elle a heurté le vélo.

«Nous avons heurté le vélo», a crié Marie-France, «et voilà un agent de l'autre côté de la rue.»

L'agent a traversé la rue; il est allé tout de suite examiner le vélo cassé. M. Marsaud et Marie-France sont descendus de la voiture, et M. Marsaud est allé parler à l'agent. «Ce n'est pas ma faute, monsieur l'agent. Je conduis toujours avec prudence.»

«C'est donc de la faute du vélo?»

«C'est ça. Ça doit être un idiot qui l'a laissé au bord du trottoir. Savez-vous à qui est ce vélo, monsieur l'agent?»

«Oui, monsieur», a répondu l'agent. «Il est à moi. Votre nom, votre adresse et votre permis de conduire, s'il vous plaît.»

L'agent a sorti son carnet. Il a écrit le nom et l'adresse de M. Marsaud, et M. Marsaud a dû payer les réparations.

Le soir, quand il est rentré chez lui, M. Marsaud a dû raconter l'histoire de l'accident à sa famille.

«Mais qu'est-ce qui est arrivé, papa?» a demandé Claudette.

«J'ai appuyé sur le frein et la voiture ne s'est pas arrêtée. Elle a glissé sur la route gelée. Elle a heurté le vélo d'un agent. Voilà tout. L'agent dit que c'est ma faute, mais il se trompe.»

«Oui, chéri, nous le savons», a dit sa femme. «Tu nous as dit mille fois que tu conduis toujours avec beaucoup de prudence. Tu conduis une voiture depuis vingt ans et tu as eu un accident seulement!»

Un accident de la route

Conversations

Qu'est-ce qu'ils ont dit?

A. Marie-France a raconté l'histoire de l'accident à Robert.
B. L'agent a raconté l'histoire à sa femme.
C. Le lendemain, M. Lafayette a eu un accident en rentrant de l'école. Il a dû louer une voiture. Voici les notes qu'il a écrites avant d'appeler le garage. Jouez les rôles de M. Lafayette et du garagiste.

Louer voiture pour une semaine
vais faire 500 kms.
préfère une Renault 4
ou une Citroën Dyane

C'est moi qui vais conduire
Je ne veux pas payer plus de 200 f.

À LA BANQUE 13

On va à la banque
—pour changer de l'argent étranger en francs
—pour toucher un chèque

Marie-France va à la banque chaque jour, parce qu'elle y travaille. C'est elle qui aide les étrangers à changer leur argent.
—Qu'y a-t-il pour votre service, monsieur?
—Combien d'argent américain voulez-vous changer?
—Comment désirez-vous votre argent?
—En billets de cent francs, peut-être?
—Voulez-vous de la monnaie aussi?

Il y a cent centimes dans un franc.
Combien d'argent y a-t-il ici?
Savez-vous compter en francs et centimes?

À la Caisse d'Épargne
Marc et Jeanne Gillot sont allés à la Caisse d'Épargne. Ils ont touché un chèque de deux mille francs. Qu'est-ce qu'ils vont acheter?
Marc veut acheter une vieille voiture. Pourquoi?
Jeanne préfère une nouvelle cuisinière électrique, une machine à laver et un téléviseur. Pourquoi?

Imaginez leur conversation.

À toi maintenant!

Votre tante vous a donné cent francs.
Qu'est-ce que vous allez acheter?

Écrivez une lettre à votre tante pour lui dire ce que vous avez acheté, et pourquoi.

83

14 Les Marsaud font des achats

Mon mari n'aime pas du tout acheter des vêtements neufs. Il préfère ses vieux vêtements. Mais je lui ai dit qu'il doit acheter un complet neuf, et qu'il ne peut plus porter son vieux complet, sauf pour travailler dans le jardin. Le voici donc en ville pour acheter le complet neuf. Je l'ai accompagné, bien entendu, pour l'aider à le choisir.

Jean-Paul et Claudette aussi sont allés en ville. Grand-mère et grand-père leur ont donné de l'argent; Jean-Paul est allé acheter une canne à pêche, et Claudette veut acheter une raquette de tennis.

A

1 2 3

4 5 6

[1] Voici M. et Mme Marsaud chez le tailleur. En fait, ils ont le choix. «Lequel des magasins préfères-tu?» demande Mme Marsaud. «Celui-ci, à gauche», répond son mari. « Ce magasin-ci est plus petit que celui-là, et il est moins cher.» [2] Ils entrent donc dans le plus petit magasin. [3] Le tailleur leur offre le choix entre deux complets. «Je voudrais quelque chose de plus sportif que ceux-là», dit M. Marsaud. [4] Il essaie un complet plus moderne, mais il est trop long. [5] «Je vais essayer cette veste blanche», dit M. Marsaud. «Ah, non. Elle est trop petite.» «Celle-ci est encore plus petite que celle-là», ajoute sa femme. [6] Enfin, M. Marsaud essaie un complet qui est plus cher que les autres. Ce complet lui va bien, et il l'achète.

Répondez s'il vous plaît

Regardez les images 1–6

1. Où sont M. et Mme Marsaud?
   Pourquoi M. Marsaud préfère-t-il le petit magasin?
2. Où est-ce qu'ils entrent?
   Pour quoi faire?
3. Qu'est-ce que le tailleur leur offre?
   Qu'est-ce que M. Marsaud veut?
4. Qu'est-ce qu'il essaie?
   Comment est-il, ce complet?
5. Qu'est-ce qu'il essaie ensuite?
   Comment sont-elles, les vestes?
6. Qu'est-ce que M. Marsaud achète enfin?
   Il coûte combien?

14

B

[7] Jean-Paul et Claudette sont entrés dans un autre magasin pour acheter une canne à pêche et une raquette de tennis. Là, ils rencontrent Pierre et Hélène. [8] «Je préfère ce magasin», dit Claudette. «Les prix sont plus bas, et les raquettes sont meilleures que dans les autres magasins.» [9] «J'aime ces deux raquettes,» dit Hélène. «Laquelle préfères-tu, Claudette? [10] Celle-ci, à droite, n'est pas aussi lourde que celle-là.» «Non», répond Claudette. «Je prends celle-ci. Elle est plus légère que toutes les autres. Je ne suis pas aussi forte que toi.» [11] Pierre et Jean-Paul regardent les cannes. «Celle-là est sensationnelle», dit Jean-Paul. «Mais je cherche quelque chose de moins cher. Celles-ci sont moins chères. [12] Allons les essayer.» Mais, malheureusement, il attrape un agent de police!

Répondez encore une fois

Regardez les images 7–12

7. Où est-ce que les enfants sont entrés?
   Que vont-ils acheter?
8. Comment sont les prix dans ce magasin?
   Comment sont les raquettes?
9. Que fait Claudette?
   Combien de raquettes y a-t-il?
10. Que fait Hélène?
    Pourquoi Claudette préfère-t-elle cette raquette?
11. Que font les garçons?
    Que dit Jean-Paul de la canne chère?
12. Qu'est-ce que les garçons essaient?
    Que fait Jean-Paul?

Conversations

1. Chez le tailleur

M. MARSAUD — Nous voici chez le tailleur, chérie. Entrons.
MME MARSAUD — Non, ce magasin est trop petit. En voilà un autre plus grand et plus moderne.
M. MARSAUD — Je préfère celui-ci. Il est plus petit. Il est aussi moins cher.
MME MARSAUD — Très bien, entrons ici. Mais tu vas choisir un complet aussi beau que celui-là, dans la vitrine.

   a. Pourquoi Mme Marsaud aime-t-elle le magasin à droite?
   b. Qu'est-ce que M. Marsaud doit choisir?

2. On choisit une raquette

HÉLÈNE — Voici des raquettes.
CLAUDETTE — Je vais choisir une raquette légère.
HÉLÈNE — Laquelle préfères-tu?
CLAUDETTE — Elles sont toutes deux excellentes.
HÉLÈNE — Celle-ci est moins lourde que celle-là.
CLAUDETTE — Moi, je préfère une raquette encore plus légère que celle-là. Tu es plus forte que moi.
HÉLÈNE — Alors, laquelle vas-tu acheter?
CLAUDETTE — Celle-ci, je crois. Elle est plus légère que toutes les autres.

   a. Pourquoi Claudette veut-elle une raquette légère?
   b. Laquelle choisit-elle?

3. Les pêcheurs

PIERRE — Cette canne-ci est très bien. Est-elle assez longue pour toi? Essaie-la.
JEAN-PAUL — En voici une autre. Elle est aussi longue que celle-là. Oui, je vais l'essayer.
PIERRE — Oh, tu as attrapé un gros poisson! C'est un agent!
L'AGENT — Laisse-moi, jeune homme! Ah, c'est encore toi!

   a. Qu'est-ce que Jean-Paul a attrapé?
   b. Qui est-ce que l'agent connaît?

4. Dans le magasin d'articles de sport

Imaginez ce que disent Jean-Paul et Claudette.

PIERRE — Salut, Claudette. Salut Jean-Paul!
JEAN-PAUL —
HÉLÈNE — Qu'est-ce que tu fais ici, Claudette?
CLAUDETTE —
PIERRE — Et toi, Jean-Paul, que fais-tu?
JEAN-PAUL —
HÉLÈNE — Pouvons-nous vous accompagner? Nous n'avons rien à faire.
CLAUDETTE —
JEAN-PAUL —

Pratique

14

Modèle A

Jean-Paul / ce garçon / cet homme	est	**plus**	grand / gros / paresseux	**que**	Claudette / cette fillette / moi
Claudette / cette fillette / cette femme		**moins**	fatiguée / intelligente / agréable		Jean-Paul / cet homme / toi

Exercice 1

exemple

Grand-père est âgé.
Grand-père est plus âgé que Papa.

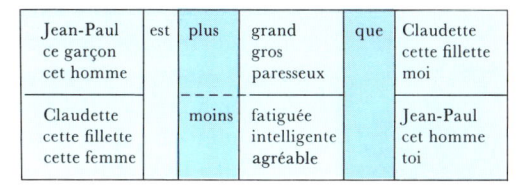

1. M. Lafayette est intelligent. 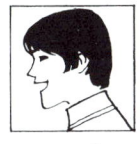
2. Claudette est petite. 
3. Henri est paresseux. 
4. Les pêches sont chères. 
5. Une Peugeot est grande. 
6. Cette robe est vieille.

Modèle B

Hélène / Gaby / Brigitte	est	**aussi**	sage / intelligente / paresseuse	**que**	Pierre / Michel / Robert
	n'	pas (si)			

Exercice 2

exemple

Grand-mère est âgée.
Mais elle n'est pas aussi âgée que grand-père.

1. Marc est distrait.
2. M. Lucas est riche.
3. Ce panier est lourd.
4. Henri est paresseux.
5. Ce scooter est cher.
6. Marie-France est fatiguée.

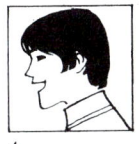

Modèle C

Claudette / Monique / Alain	travaille / lit / écrit	**plus**	vite / lentement	**que**	Jean-Paul / Robert / Michel

Modèle D

Hélène	chante / travaille	**bien**	mais Monique	chante / travaille	**mieux**

Modèle E

ce café	est	bon	mais	l'autre	est	meilleur
cette canne		bonne				meilleure
ces stylos	sont	bons		les autres	sont	meilleurs
ces raquettes		bonnes				meilleures

87

Composition: En route avec Mme Marsaud

Une leçon de conduite commence.

Écoutez l'histoire, puis répondez à ces questions:

1. Qui est arrivé lundi dernier?
2. Qu'est-ce qu'il a apporté?
3. Qui a pris la lettre?
4. Qu'est-ce que Marie-France a fait?
5. Qui a lu la lettre?
6. L'amie de Mme Marsaud, comment s'appelle-t-elle?
7. Qu'est-ce qu'elle a invité Mme Marsaud à faire?
8. Où est-ce qu'elle habite?
9. À quelle heure est-ce que Mme Marsaud est partie?
10. Qui est-ce qu'elle a vu sur la place?
11. Qu'est-ce qu'il a fait?
12. Qu'est-ce que Mme Marsaud a essayé de faire?
13. Qu'est-ce qu'elle a heurté?
14. Qu'est-ce que l'agent a demandé à Mme Marsaud?
15. Où a-t-elle trouvé son permis de conduire?
16. Qu'est-ce que l'agent a écrit?
17. Est-ce que l'autre chauffeur a pu trouver son permis?
18. Qu'est-ce qu'il a dû faire?
19. Est-ce que Mme Marsaud a pu continuer en voiture?
20. À quelle heure est-elle arrivée chez son amie?

EXTRA

Modèle F

CELUI-CI, CELUI-LÀ = this, that
(*voir à la page 130*)

voici	deux	appareils stylos complets	lequel	préférez-vous?	celui-ci ou celui-là?
		cannes à pêche raquettes tentes	laquelle		celle-ci ou celle-là?
	des	gants bas	lesquels		ceux-ci ou ceux-là?
		chaussures pantoufles	lesquelles		celles-ci ou celles-là?

À toi maintenant!

1. Tu es plus grand que ton père?
2. Est-ce que ta mère est plus petite que ton père?
3. Est-ce que tu es plus intelligent que ton professeur de français?
4. Est-ce que tes amis sont plus paresseux que toi?
5. Est-ce que tu travailles aussi vite que tes copains?
6. Qu'est-ce qu'on fait avec une canne à pêche?
7. À quoi sert une raquette de tennis?
8. Où est-ce qu'on va pour acheter du fromage?
9. Où est-ce qu'on trouve une cuisinière électrique?
10. Qui est-ce qui aide les étrangers à trouver leur chemin en ville?

QU'EST-CE QU'ON FAIT LE SAMEDI ? 14

Marie-France va chez le [coiffeur]. Elle passe une heure assise sur une [chaise]. Et après ? C'est la surprise-partie ! Maman va chez une amie prendre une [tasse] de café. Papa trouve beaucoup à faire au [jardin] s'il fait beau, ou il [bricole] s'il pleut. Quelquefois Jean-Paul l'aide, ou va à la [pêche] avec lui ou avec Pierre. Il y a des choses à faire au club. Michel aime bien la [photographie] mais Claudette préfère la [musique]. Samedi prochain, tout le monde va aider Marc à décorer son appartement. Il faut acheter du papier.

> Qu'est-ce que tu aimes faire le samedi ? Est-ce que tu aimes aller à la pêche, ou travailler dans le jardin, ou est-ce que tu préfères rester à la maison ? Dis ce que les membres de ta famille font le samedi.

On fait de la photographie...

On va à la pêche...

On travaille dans le jardin...

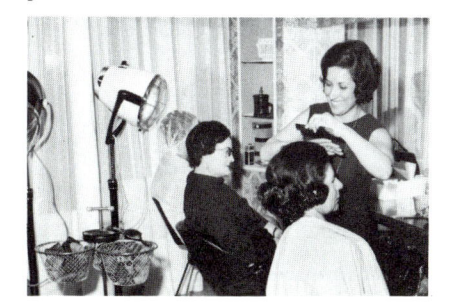

On va chez la coiffeuse...

On bricole...

89

15 Sous la tente

Moi, j'aime beaucoup faire du camping. J'ai une petite tente que mes parents m'ont donnée comme cadeau d'anniversaire. Pendant l'été, je passe beaucoup de week-ends sous la tente avec mes amis. D'habitude, nous allons à la campagne en vélo, et nous trouvons un endroit agréable pour y passer la nuit.

Quelquefois, je permets à mes amis d'emprunter ma tente. La semaine dernière, c'est Henri Gautier qui a voulu l'emprunter. D'abord, je n'ai pas voulu lui prêter la tente, car Henri est si vilain. Mais Michel a voulu aller avec Henri, et j'ai enfin décidé de la leur prêter.

A

[1] Michel et Henri sont allés à la campagne en vélo. Ils ont trouvé un bel endroit pour dresser la tente, mais Henri a voulu manger avant de commencer. [2] Malheureusement, il n'a pas pu trouver ses sandwichs, et Michel a dû lui en donner. [3] «Tu as le choix», a dit Michel. «Ceux-ci sont aux tomates et ceux-là sont au fromage.» [4] Ensuite, Henri a trouvé deux pommes et il en a offert une à Michel. [5] Henri a voulu faire du café, donc Michel a allumé le réchaud. [6] «J'ai apporté du sucre», a dit Michel. «Mais j'ai oublié le lait. Le fermier peut nous en vendre, sans doute.»

Répondez s'il vous plaît

Regardez les images 1–6

1. Comment est-ce que les garçons sont allés à la campagne?
   Qu'est-ce qu'Henri a voulu faire?
2. Qu'est-ce qu'il n'a pas trouvé?
   Qu'est-ce que Michel a fait?
3. Où sont les sandwichs au fromage?
   Qu'y a-t-il dans les autres sandwichs?
4. Qu'est-ce qu'Henri a trouvé?
   Qu'est-ce qu'il a fait?
5. Qu'est-ce qu'il a voulu faire?
   Qu'est-ce que Michel a fait?
6. Qu'est-ce que Michel a oublié?
   Qu'est-ce que le fermier peut leur vendre?

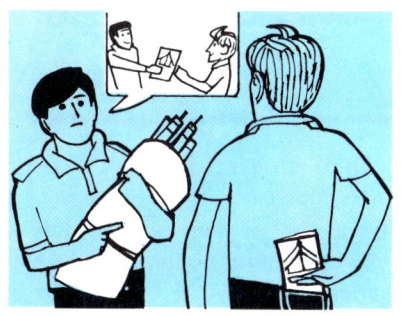

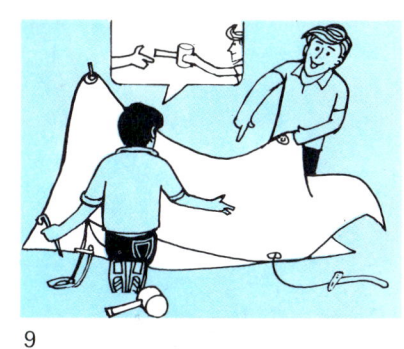

B

7 8 9

10 11 12

[7] Le repas fini, les garçons ont décidé de dresser la tente. «Tu as les instructions, n'est-ce pas?» a demandé Michel. «Jean-Paul te les a données ce matin.» [8] «Tu as les mâts? Alors, donne-m'en un. Je le mets ici», a dit Henri. [9] Quand Henri a eu besoin du marteau, Michel n'a pas pu le trouver. «Je te l'ai déjà donné», a-t-il dit. «Non, non, le voilà, derrière toi. Passe-le-moi», a dit Henri. [10] «Tiens, mets l'autre mât. Moi, je vais chercher les piquets.» [11] Mais quand il est revenu, Henri a arraché le mât et Michel a disparu sous la tente!

[12] Plus tard, quand les garçons sont allés se baigner, Michel est tombé dans la rivière, aidé, bien entendu, par Henri! C'est un drôle de type, celui-là!

Répondez encore une fois
Regardez les images 7-12

7. Qui a les instructions?
   Qui les lui a données?
8. Qui a les mâts?
   Qu'est-ce qu'Henri va faire?
9. Qu'est-ce que Michel n'a pas pu trouver?
   Où est le marteau?
10. Qu'est-ce que Michel doit faire?
    Qu'est-ce qu'Henri va faire?
11. Qu'a-t-il fait quand il est revenu?
    Où est Michel?
12. Qui est tombé dans la rivière?
    Qui l'a aidé?

Conversations

1. Pas de sandwichs!

HENRI   Zut! J'ai oublié mes sandwichs. Maman m'en a donné, j'en suis sûr, mais je ne les ai pas mis dans mon sac.
MICHEL   Je les ai vus sur la table chez toi.
HENRI   Tiens! Je les y ai laissés, sans doute.
MICHEL   Moi, j'en ai trop. Ma mère m'en a donné des dizaines. Je t'en offre la moitié.

a. Est-ce que Mme Gautier a donné des sandwichs à Henri?
b. Est-ce qu'Henri a laissé les sandwichs sur la table?
c. Est-ce que la mère de Michel lui a donné des sandwichs?

2. Pas de lait!

MICHEL   Le café est prêt. Veux-tu du sucre?
HENRI   Oui, donne-m'en deux morceaux. Il y a du lait?
MICHEL   Non, nous n'en avons pas. Je l'ai oublié. Mais le fermier peut nous en vendre, sans doute.
HENRI   Je vais lui en demander plus tard.

a. Qu'est-ce que Michel a fait?
b. Est-ce qu'ils ont du lait?
c. Qui peut leur vendre du lait?

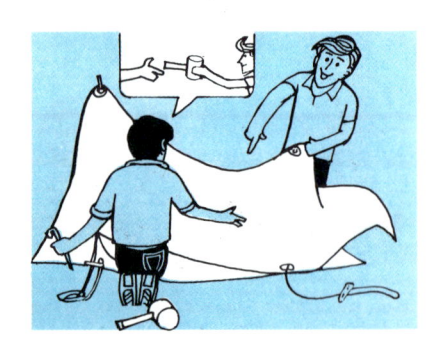

3. Pas de marteau!

HENRI   J'ai besoin du marteau. Passe-le-moi.
MICHEL   Je ne l'ai pas. Je te l'ai déjà donné.
HENRI   Et moi, je te l'ai rendu tout de suite, j'en suis sûr. Tu as dû le poser par terre.
MICHEL   Non, je viens de te le donner.
HENRI   Eh bien, moi, j'ai raison! Le voilà, derrière toi. Alors, donne-le-moi!

a. De quoi Henri a-t-il besoin?
b. Qu'est-ce que Michel a déjà fait?
c. Qu'est-ce qu'Henri a fait?

4. Pas de maillots de bain?

Henri est un drôle de type, vous le savez déjà. Mais pourquoi se baigne-t-il toujours habillé? Cela, vous ne le savez pas! Est-ce peut-être parce qu'on l'a poussé et qu'il est tombé dans l'eau? Qui l'a poussé? Qui a voulu se venger? Pourquoi est-ce qu'il tire Michel en ce moment? Qu'est-ce qui se passe? Est-ce que Michel aime tomber dans l'eau? Comment est l'eau?

Décrivez l'incident et imaginez la conversation des garçons.

Pratique 15

Modèle A
(*voir à la page 132*)

où est	le	marteau? réchaud?	donne	-le-moi	je	te	l'	ai	donné
	la	tente? radio?		-la-moi					donnée
où sont	les	sandwichs? œufs?		-les-moi			les		donnés
		oranges? poires?							données

Exercice 1

exemple
Je n'ai plus besoin de ce sac.
Je vais te le donner.

1. Je n'ai plus besoin de ce stylo.
2. Je n'ai plus besoin de cette montre.
3. Je n'ai plus besoin de ces disques.
4. Je n'ai plus besoin de ces livres.
5. Je n'ai plus besoin de cette guitare.

Modèle B

As-tu prêté	ta	tente radio	à Michel?	oui, je	la	lui	ai	prêtée
			aux garçons?			leur		
	tes	disques livres			les			prêtés

Exercice 2

exemple
Qui a prêté cette carte à Claudette?
C'est Jean-Paul qui la lui a prêtée.

1. Qui a emprunté l'électrophone à Marie-France?
2. Qui a donné ce livre à Michel?
3. Qui a offert ce disque à Gaby?
4. Qui a donné les pommes aux garçons?
5. Qui a prêté le journal à M. Marsaud?

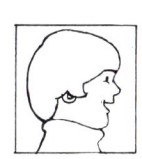

Exercice 3

exemple
Est-ce qu'Henri t'a donné *la clef?*
Oui, il me l'a donnée.

Répondez aux questions, en remplaçant les mots *en italique* par *le, la, l'* ou *les*.

1. Est-ce qu'Henri t'a prêté *le marteau?*
2. Est-ce qu'il t'a rendu *la clef?*
3. Est-ce qu'il t'a donné *les instructions?*
4. Est-ce qu'il vous a donné *les instructions*, mes amis?
5. Est-ce qu'il vous a livré *les provisions*, mesdames?
6. Est-ce que tu lui as rendu *la tente?*
7. Est-ce que tu lui as emprunté *ses chaussettes?*
8. Est-ce que tu leur as donné *ta voiture?*
9. Est-ce que tu leur as prêté *les disques?*
10. Est-ce que tu leur as emprunté *le réchaud?*

La petite Brigitte

Au mois de mai, l'oncle Georges et la tante Irène sont arrivés chez les Marsaud, pour y passer une semaine de vacances. Ils sont plus jeunes que M. et Mme Marsaud, et ils ont seulement une fille—la petite Brigitte.

Chez les Marsaud, tout le monde attend avec impatience le jour du départ de la petite Brigitte. Elle a seulement sept ans, mais cependant elle est insupportable. Le jour de son arrivée chez les Marsaud, elle a pris le vélo de Jean-Paul et elle l'a caché derrière le garage. Elle s'est assise sur les disques de Claudette et elle en a cassé deux.

Un jour, après le déjeuner, Claudette et Brigitte ont fait la vaisselle ensemble. Elles ont lavé toutes les assiettes et elles les ont mises sur la table. Puis elles ont nettoyé les casseroles et elles les ont rangées dans le placard.

La vaisselle finie, Claudette est sortie aussi vite que possible, car elle n'aime pas sa petite cousine, et Brigitte est restée seule dans la cuisine. Elle a décidé de nettoyer une fois de plus les casseroles. Elle en a pris une dans le placard et elle l'a nettoyée avec soin; puis elle en a choisi une autre. Dans celle-ci, il y avait un litre d'huile; malheureusement, Brigitte l'a laissée tomber. Il y avait de l'huile partout!

La tante Irène a entendu le bruit. Elle est vite entrée dans la cuisine. Elle a glissé sur le plancher couvert d'huile. Elle a heurté la table et elle a cassé toutes les assiettes!

«Qu'est-ce que tu as fait?» a crié la tante Irène. «Va chercher papa. Il doit m'aider à nettoyer le plancher. Je ne peux pas le faire seule.»

Brigitte est sortie pour chercher son père, mais elle est bientôt revenue.

«Papa n'est pas là, maman. Il est déjà parti avec oncle Henri. Ils sont allés au match de football.»

«Ah, les hommes! Ils ne sont jamais là quand il y a du travail!»

Qui est-ce qui doit faire la vaisselle chez vous?

Conversations
Qu'est-ce qu'elles disent?

A. Claudette raconte à Marie-France l'histoire des assiettes cassées.

B. La tante Irène dit à Mme Marsaud qu'elle a cassé quelques assiettes. Elle lui propose de payer les assiettes. Les deux femmes vont aller en ville choisir de nouvelles assiettes.

Modèle C   EXTRA

as-tu laissé	ton	sac appareil	à la maison?	oui, je	l'	y	ai	laissé
	tes	sandwichs cahiers			les			laissés

Modèle D

ta mère	t'	a donné des	sandwichs?	oui, elle	m'	en	a donné beaucoup
	m'		pommes?		t'		
	vous		œufs?		nous		
	nous		bananes?		vous		
	lui				lui		
	leur				leur		

Modèle E

si	tu as	trop de	sandwichs	donne	-m'en	deux
	vous avez		pommes	donnez		

AU CAMPING   15

Les Français aiment faire du camping. Partout en France, on trouve des campings près des villes ou à la campagne.

On s'amuse bien quand on fait du camping. Les enfants peuvent jouer ensemble ou se baigner.

Si on ne veut pas faire la cuisine, on peut acheter des plats chauds ou froids à emporter à la tente.

Au camping il y a souvent un café, ou même un restaurant ou on peut prendre un repas excellent. Pendant que les enfants s'amusent, les grandes personnes prennent un café ou un verre de vin.

Les membres du Club vont faire du camping. Il faut faire beaucoup de préparatifs. Qu'est-ce qu'il faut faire? Dressez une liste de toutes les provisions, des vêtements et des autres objets qu'on doit prendre. N'oubliez pas la brosse à dents!

16 Au voleur!

Mon ami, M. Beautemps, le fermier, habite une petite ferme, assez loin du village. Je le rencontre de temps en temps au café du village, où il vient quelquefois passer la soirée.

Mercredi dernier, il y a eu un vol chez les Beautemps. M. Beautemps a fini son travail aux champs plus tard que d'habitude. Il est rentré à la maison pour prendre son dîner avant d'aller au café, avec son fils Jacques. Mme Beautemps l'a rencontré à la porte...

A

[1] «Jacques ne travaillait pas avec toi?» a demandé Mme Beautemps. «Non, je travaillais seul cet après-midi.» [2] M. Beautemps est sorti. Dans la cour il a trouvé Jacques, par terre. «Oh, ma tête!» a crié Jacques. «Quelqu'un m'a donné un coup de bâton. [3] Je travaillais à côté de la grange quand trois hommes sont arrivés en camion. [4] Je me suis approché très doucement et j'ai vu qu'ils volaient des poulets. [5] J'allais téléphoner aux gendarmes, mais un des voleurs m'a vu et il m'a frappé à la tête. [6] Mais j'ai remarqué qu'un des voleurs portait une cravate avec une tête de tigre.»

Répondez s'il vous plaît
Regardez les images 1-6

1. Est-ce que Jacques travaillait avec son père?
   Avec qui est-ce que M. Beautemps travaillait?
2. Où a-t-il trouvé son fils?
   Pourquoi Jacques a-t-il mal à la tête?
3. Où est-ce qu'il travaillait?
   Comment est-ce que les voleurs sont arrivés?
4. Qui a vu les voleurs?
   Qu'est-ce qu'ils volaient?
5. Qui a frappé Jacques?
   Qu'est-ce que Jacques allait faire?
6. Que portait un des voleurs?
   Qui l'a remarqué?

16

B

7  8  9

10  11  12

[7] Ce soir-là, M. Beautemps est entré dans le café Dubois. Il a raconté aux Dubois l'histoire du vol. [8] «Est-ce que les gendarmes ont arrêté les voleurs?» a demandé Mme Dubois. «Non», a répondu le fermier. «Quand je suis parti, les gendarmes les cherchaient toujours. Un des voleurs portait une cravate avec une tête de tigre.» [9] «Moi, j'ai vu un homme qui portait une cravate comme ça», a crié Philippe, le fils de M. Dubois. [10] «Je passais devant l'église, à cinq heures, avec mon ami Bernard. [11] L'homme à la cravate m'a demandé de porter une lettre à deux amis qui l'attendaient à la gare. [12] Je peux dessiner leurs visages.» «Cela va aider les gendarmes à attraper les voleurs», a dit M. Beautemps. «Je vais leur téléphoner.»

Répondez encore une fois
Regardez les images 7-12

7. Où est-ce que M. Beautemps est entré?
   À qui a-t-il raconté l'histoire du vol?
8. Est-ce qu'on a arrêté les voleurs?
   Que faisaient les gendarmes quand M. Beautemps est parti?
9. Qui est Philippe?
   Qu'a-t-il vu?
10. Que faisait-il à cinq heures?
    Qui l'accompagnait?
11. Qu'est-ce qu'on a demandé à Philippe de faire?
    Où est-ce que les hommes l'attendaient?
12. Qu'est-ce que Philippe peut faire?
    Qu'est-ce que le fermier va faire?

Conversations

1. Le vol

JACQUES Je travaillais dans le champ à côté de la grange.
M. BEAUTEMPS Les hommes sont arrivés en camion?
JACQUES Oui, ils portaient des sacs et parlaient à voix basse.
M. BEAUTEMPS Qu'as-tu fait?
JACQUES Je me suis approché très doucement, et j'ai vu qu'ils volaient des poulets.
M. BEAUTEMPS Ils volaient mes poulets? Nom d'un chien!
JACQUES Oui, et ils choisissaient les meilleurs!

a. Qu'est-ce que les voleurs portaient?
b. Comment parlaient-ils?
c. Est-ce qu'ils volaient tous les poulets?

2. La cravate à tête de tigre

MME DUBOIS Est-ce que les gendarmes ont arrêté les voleurs?
M. BEAUTEMPS Non, ils ne les ont pas trouvés. Quand je suis parti, ils les cherchaient toujours.
M. DUBOIS Est-ce que Jacques a vu les visages des voleurs?
M. BEAUTEMPS Non. Il n'a rien vu sauf une cravate à tête de tigre, qu'un des hommes portait.
PHILIPPE M. Beautemps, moi, j'ai vu un homme qui portait une cravate comme ça!

a. Est-ce que Jacques a vu les visages des voleurs?
b. Qu'est-ce qu'un des hommes portait?
c. Qui l'a vu?

3. Philippe aide M. Beautemps

PHILIPPE Nous rentrions de l'école quand nous l'avons vu.
M. BEAUTEMPS À quelle heure?
MME DUBOIS Vous avez quitté l'école à cinq heures moins le quart, n'est-ce pas?
PHILIPPE Oui. Cinq heures ont sonné comme nous passions devant l'église.
M. BEAUTEMPS Bon, vous avez vu ces hommes juste avant le vol.

a. Que faisaient les garçons quand ils ont vu l'homme?
b. À quelle heure ont-ils quitté l'école?
c. Où est-ce qu'ils ont vu l'homme?

4. Philippe raconte son histoire aux gendarmes

« Je passais devant l'église quand l'homme à la cravate s'est approché de moi. Il m'a arrêté et m'a demandé si je voulais faire une commission pour lui. Il m'a offert un franc. J'ai répondu que oui. Puis, il m'a donné une lettre et m'a dit que des amis l'attendaient à la gare. Il ne pouvait pas y aller, a-t-il dit, et il m'a demandé de leur porter la lettre aussi vite que possible. J'ai dit que j'allais le faire tout de suite. »

Imaginez la conversation entre Philippe et l'homme à la cravate.

Pratique

Modèle A

TEMPS IMPARFAIT, VERBES RÉGULIERS (*voir à la page 135*)

hier matin à 10h	il	travaillait	dans le jardin
	je tu	travaillais	à la ferme dans la grange
	ils	travaillaient	dans la cour
	nous	travaillions	dans les champs
	vous	travailliez	

Exercice 1

Où travaillaient-ils hier?
exemple
Le fermier travaillait dans la grange.

le facteur	l'épicier	les enfants	Jean-Paul et moi	toi, Claudette

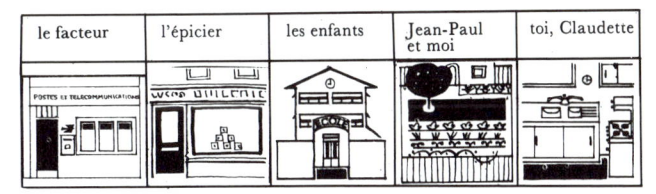

Exercice 2

Que faisait-on samedi dernier?
exemple
Aujourd'hui, je joue au football.
Samedi dernier, je jouais au football.

1. Aujourd'hui, nous jouons au basket-ball.
2. Aujourd'hui, Jean-Paul porte un maillot de bain.
3. Aujourd'hui, Marie-France écoute la radio.
4. Aujourd'hui, Marc et Jeanne regardent la télévision.
5. Aujourd'hui, je parle aux copains.

Modèle B

attendre	j'	attendais	Michel un autobus
entendre		entendais	de la musique
vendre	on il	vendait	des œufs des glaces

Exercice 3

exemple
Qui est-ce que Robert attendait au coin de la rue?
Il attendait Marie-France au coin de la rue.

1. Qui est-ce que Claudette attendait au club? 
2. Qui est-ce que les garçons attendaient au lac? 
3. Qui est-ce que tu attendais à la gare? 
4. Qui est-ce que vous attendiez au café? 
5. Qui est-ce que Michel attendait devant le cinéma?

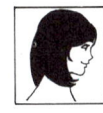

Modèle C

finir	il	finissait	ses devoirs
choisir	nous	choisissions	des disques une raquette de tennis

Exercice 4

Qu'est-ce qu'ils choisissaient?
exemple
Jean-Paul choisissait une canne à pêche.

Claudette	Marc	Marie-France et Robert	nous	Mme Marsaud

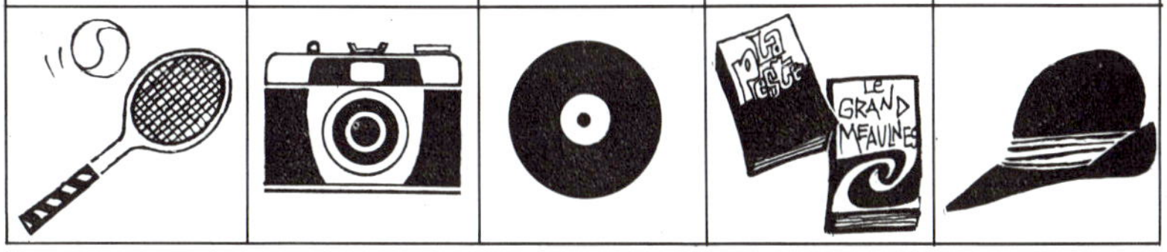

Composition: Jean-Paul, chef de cuisine

1 2 3
4 5 6

Modèle D EXTRA

quand	je suis parti	ils les	cherchaient attendaient regardaient	toujours
	je l'ai vu	il	choisissait des fleurs finissait des devoirs écoutait des disques portait un imperméable	

Exercice 5

Faites des phrases, en employant ces mots et phrases:

quand nous sommes arrivés

Gaby et Hélène
Marc

finir
chercher
attendre

Conversation   Écoutez la conversation, puis jouez le rôle de M. Marsaud.

M. MARSAUD
JEAN-PAUL   Bonjour papa.
M. MARSAUD
JEAN-PAUL   Hier soir? Euh... à onze heures, je pense.
M. MARSAUD
JEAN-PAUL   Moi, fatigué? Non, je ne suis jamais fatigué.
M. MARSAUD
JEAN-PAUL   Non, elle dormait quand je suis rentré.
M. MARSAUD
JEAN-PAUL   Oui, ce matin elle m'a demandé à quelle heure je suis rentré.

M. MARSAUD
JEAN-PAUL   Nous devons y être à huit heures et demie.
M. MARSAUD
JEAN-PAUL   Oui, je vais les retrouver au coin de la rue.
M. MARSAUD
JEAN-PAUL   Non, je préfère y aller en vélo.
M. MARSAUD
JEAN-PAUL   Euh... à quatre heures.
M. MARSAUD
JEAN-PAUL   Oui, papa, je vais revenir tout de suite.

À LA CAMPAGNE

Il y a des millions de Français qui habitent à la campagne. En France, il y a beaucoup de petites fermes. De nos jours, il y a des machines qui aident les fermiers à faire leur travail, mais il y a cinquante ans, la vie d'un fermier était très dure.

Il y a beaucoup à faire à la ferme. Toute la famille travaille dans les champs.

Quand il est temps de rentrer les vaches, c'est le fils du fermier et son chien qui doivent le faire.

C'est grand-mère qui s'occupe des poules, des oies et des dindons.

À toi maintenant!

Est-ce que tu habites à la campagne ou en ville?
As-tu passé des vacances à la ferme?
Il faut se lever de très bonne heure quand on est fermier, n'est-ce pas?
Moi, je préfère habiter en ville—surtout en hiver!

17 Marie-France part en vacances

Mon ami Robert a proposé à quelques amis d'aller passer les vacances dans le Midi de la France. Il a proposé de faire du camping dans un petit village non loin de Marseille.

J'ai demandé à mes parents si je pouvais accompagner mes amis, et ils m'ont donné la permission d'y aller. Maintenant le jour du départ est presque arrivé. On va partir demain et j'ai déjà commencé à faire mes derniers préparatifs.

A

1 2 3

4 5 6

[1] Chez les Marsaud c'était l'heure du dîner, mais Marie-France voulait aller chercher son appareil-photo. [2] Claudette est entrée avec l'appareil que son père venait de nettoyer. [3] Marie-France voulait aussi choisir les robes qu'elle allait prendre. «Je pensais que tu n'allais prendre qu'un maillot de bain!» a dit Jean-Paul. [4] Puis Marie-France voulait emprunter une grande valise, et Jean-Paul lui a offert un petit sac! [5] Quand Marie-France cherchait son chapeau de paille, Claudette lui a dit que M. Marsaud le portait quand il travaillait dans le jardin. [6] «Il y avait un chapeau dans le garage», a ajouté Jean-Paul. «Je l'ai donné à Bruno ce matin, et il l'a mangé!»

Répondez s'il vous plaît

Regardez les images 1–6

1. Quelle heure était-il?
   Qu'est-ce que Marie-France voulait chercher?
2. Qui a trouvé l'appareil?
   Qu'est-ce que M. Marsaud venait de faire?
3. Qu'est-ce que Marie-France voulait choisir?
   Qu'est-ce que Jean-Paul pensait?
4. Qu'est-ce que Marie-France voulait emprunter?
   Qu'est-ce que Jean-Paul a fait?
5. Qui portait le chapeau de paille?
   Que faisait-il?
6. Qui a trouvé le chapeau?
   Qu'est-ce qu'il en a fait?

B

[7] Le lendemain matin, Robert est arrivé en voiture. [8] Bien entendu, Marie-France n'était pas prête. Elle cherchait toujours son transistor! [9] Quand elle a été enfin prête, elle avait deux valises et un petit sac! [10] Avant le départ, M. Marsaud a conseillé à Robert de conduire avec prudence. [11] Quand il était jeune, disait-il, il ne prenait jamais de vin, et il avait l'habitude de se reposer avant de conduire. [12] Enfin les jeunes ont pu partir. Malheureusement, Marie-France a oublié une de ses valises. «N'importe», a dit Claudette. «En effet, elle a sa brosse à dents et son maillot de bain. Et ça, c'est assez!»

Répondez encore une fois

Regardez les images 7–12

7. Comment Robert est-il arrivé?
   Quelle heure était-il?
8. Est-ce que Marie-France était prête?
   Que faisait-elle?
9. Qu'est-ce que Marie-France avait comme bagages?
   Combien de valises y avait-il?
10. Qui a parlé à Robert avant le départ?
    Qu'est-ce qu'il lui a conseillé?
11. Qu'est-ce qu'il ne faisait jamais?
    Qu'est-ce qu'il avait l'habitude de faire?
12. Qu'est-ce que Marie-France a oublié?
    Qu'est-ce qu'elle a pris?

Conversations

1. Les derniers préparatifs

MME MARSAUD	Tu as fini, Marie-France? J'allais servir le dîner.
MARIE-FRANCE	Non, je n'ai pas fini. J'allais choisir des robes, puis j'ai décidé de chercher l'appareil.
JEAN-PAUL	Dis donc, choisir des robes? Mais, tu m'as dit que tu allais dans le Midi. Je pensais que tu allais passer toute la journée en maillot de bain!
MARIE-FRANCE	Jean-Paul, tu n'y comprends rien du tout!

　a.　Qu'est-ce que Mme Marsaud voulait faire?
　b.　Où est-ce que Marie-France va passer ses vacances?
　c.　Est-ce que Marie-France a fini ses préparatifs?

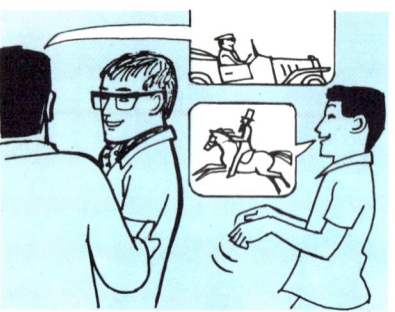

2. Des conseils pour Robert

M. MARSAUD	Robert, permettez-moi de vous donner un petit conseil.
ROBERT	Bien sûr, monsieur. Je vous écoute.
M. MARSAUD	Eh bien, quand j'étais jeune, je faisais souvent des promenades en voiture.
JEAN-PAUL	Papa, quand tu étais jeune, il n'y avait pas de voitures! Tu te promenais à cheval, n'est-ce pas?
M. MARSAUD	Tais-toi, Jean-Paul. Je parlais à Robert.
JEAN-PAUL	Oui, papa.
M. MARSAUD	J'allais dire que j'avais toujours l'habitude de me reposer avant de conduire, et je ne prenais jamais de vin avant de me mettre en route.
ROBERT	Je vous remercie de votre conseil, monsieur. Je vais conduire avec prudence, je vous assure.

　a.　À qui est-ce que M. Marsaud veut donner des consei
　b.　Quand est-ce qu'il se reposait?
　c.　Quand est-ce qu'il ne prenait pas de vin?
　d.　Comment est-ce que Robert va conduire?

3. L'heure du départ

Imaginez ce que dit Marie-France.

JEAN-PAUL	Bonjour, ma sœur. N'es-tu pas encore prête?
MARIE-FRANCE	
JEAN-PAUL	Sais-tu quelle heure il est?
MARIE-FRANCE	
JEAN-PAUL	Tiens! Regarde là-bas. C'est Robert qui arrive.
MARIE-FRANCE	
JEAN-PAUL	Je vais lui dire que tu vas être prête dans une heure, n'est-ce pas?
MARIE-FRANCE	

104

Pratique

Modèle A

TEMPS IMPARFAIT, VERBES IRRÉGULIERS (*voir à la page 137*)

| en ce moment | nous | sommes | à Paris en France avec Hélène | il y a un mois | nous | étions | à Londres en Angleterre chez Pierre |

Exercice 1

Où étaient-ils hier?
exemple M. Marsaud

M. Marsaud était à Paris hier.

| Jean-Paul  |  | Marie-France et Robert  | Michel et moi  | je Paris  |

Modèle B

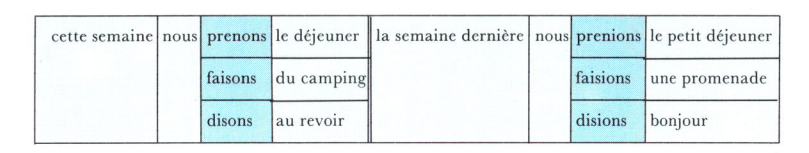

cette semaine	nous	prenons	le déjeuner	la semaine dernière	nous	prenions	le petit déjeuner
		faisons	du camping			faisions	une promenade
		disons	au revoir			disions	bonjour

Exercice 2

exemple

Qui prenait un verre de vin?
Marc prenait un verre de vin.

1. Qui prenait un café-crème? 
2. Qui faisait du camping? 
3. Qui faisait la vaisselle? 
4. Qui disait bonjour à grand-mère? 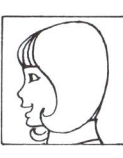
5. Qui prenait un bain?

Modèle C

	maintenant		quand nous étions en vacances	
nous	nageons	dans la mer	nous nagions / je nageais	dans le lac
	mangeons	des pommes	nous mangions / je mangeais	des oranges
	commençons	le souper	nous commencions / je commençais	le déjeuner à midi

Modèle D

	aujourd'hui			hier	
je mais il	veux pleut	sortir à verse	je mais il	voulais pleuvait	sortir à verse
on car il	peut fait	nager chaud	on car il	pouvait faisait	nager chaud
vous car il	devez neige	prendre l'autobus	vous car il	deviez neigeait	prendre l'autobus

Exercice 3

Dites pourquoi
exemple
Je me suis couché de bonne heure . . .
parce que j'étais fatigué.

1. Jean-Paul portait un maillot de bain . . .
2. Je suis rentré à la maison . . .
3. Je n'ai pas acheté le disque . . .
4. Jean-Paul a essayé de gagner de l'argent . . .
5. Marie-France a pris un bain . . .
6. Henri n'est pas allé à l'école ce matin . . .

Le pique-nique

Pendant les vacances de Pâques, il faisait beau. Jean-Paul, qui n'aime jamais rester à la maison, sortait souvent avec ses amis. Ils faisaient des promenades en vélo, ils allaient jouer dans les bois, et ils faisaient souvent un pique-nique.

Un jour, les garçons se promenaient à la campagne, quand ils ont rencontré des filles. Ces filles semblaient être très aimables et, quand les garçons ont dit qu'ils avaient faim, elles ont offert de préparer des sandwichs. Elles avaient dans leurs sacs du pain et de la salade. Pendant que les garçons jouaient dans le bois, les filles ont préparé les sandwichs.

Un quart d'heure plus tard, les garçons sont revenus. Ils se sont assis sur l'herbe avec leurs nouvelles amies. Il y avait seulement une bouteille de limonade et les garçons en ont trop bu; il n'en restait plus une goutte pour les filles! Mais les filles ne semblaient pas être très fâchées. Elles ont dit qu'elles n'avaient pas faim, et elles ont offert tous les sandwichs aux garçons. Ceux-ci avaient terriblement faim; ils se sont mis tout de suite à manger. Les filles sont tout à coup parties se promener dans le bois; c'est alors que les garçons ont trouvé—trop tard—qu'il n'y avait pas de salade dans leurs sandwichs. Il y avait seulement de l'herbe!

Un pique-nique au bord de la route

Conversations

A. Les filles offrent de préparer des sandwichs pour les garçons; et les garçons trouvent qu'il y a de l'herbe dedans.

B. Vous partez en famille pour une promenade en voiture à la campagne. Il faut préparer des provisions. Qu'est-ce que vous allez préparer? N'oubliez pas de prendre du sel, des couteaux, des chaises . . . et quoi encore?

Modèle E — EXTRA

aujourd'hui	il faut	se reposer	hier	il fallait	travailler
	il y a	peu de café		il y avait	assez de café
	j'ai	chaud		j'avais	froid

Modèle F

en ce moment	je	viens de / suis en train de / vais		souper / rentrer
il y a quatre heures	je / j'	venais de / étais en train de / allais		déjeuner / partir

Les mots croisés

HORIZONTALEMENT
1. On les met sur la table (6)
5. «Viens ici, s'il . . . plaît» (2)
6. La garde doit le faire (6)
7. Plus longues que rues (6)
11. La saison du soleil? (3)

VERTICALEMENT
1. Si vous tombez dans la rivière vous devez le faire! (5)
2. Un objet qu'on ne peut pas trouver est . . . (5)
3. En Angleterre il ne neige pas en . . . (3)
4. Qu'est-ce qu'il fait avec son rasoir? (2, 4)
8. Est-ce qu' . . . parle français ici? (2)
9. Tu . . . laves chaque jour, n'est-ce pas? (2)
10. Soixante . . . dix font soixante-dix (2)

EN VÉLO

Jean-Paul a un beau vélo. Comme beaucoup de jeunes Français, il aime bien le cyclisme. Il veut gagner des courses, bien entendu, mais il aime aussi faire des promenades en vélo. Il écrit une lettre à son correspondant anglais, et lui envoie des photos.

Il y a soixante-dix ans, même les plus élégantes des Parisiennes faisaient des promenades en vélo.

Est-ce que tu aimes le cyclisme? En France, c'est un sport très populaire. Tout le monde regarde les courses, et nous connaissons tous les coureurs célèbres.

Jean-Paul

Mais les paresseux préfèrent le scooter ou le vélo-moteur—c'est-à-dire une toute petite motocyclette. Moi, j'aime bien les vraies motos, mais je n'aime pas les petits modèles. Après tout, j'ai eu un accident avec la machine de Michel! Cela m'a coûté cher!

As-tu un vélo? Raconte-moi une promenade en vélo que tu as faite.

18 Vers le Midi

Marie-France est maintenant bien installée dans le Midi de la France. Elle nous a déjà écrit une lettre pour nous raconter son voyage.

Les amis sont arrivés au village de Fleurie, non loin de Vichy. Ils ont passé dix heures en route et ils ont fait cinq cents kilomètres. Ils ont décidé de passer la nuit à l'auberge de jeunesse à Fleurie, mais il ne restait que deux lits, et les garçons ont dû chercher des lits ailleurs. Enfin, un fermier leur a permis de passer la nuit dans sa grange. Avant de se coucher, tous les amis sont entrés dans un petit restaurant pour dîner. Ils étaient tous très fatigués.

A

[1] Dans le restaurant à Fleurie, les amis ont fini de manger. Ils parlent de leurs projets pour le lendemain. [2] «Nous partirons à sept heures du matin», dit Robert. «Nous avons encore cinq cents kilomètres à faire.» «Alors nous arriverons vers cinq heures du soir», ajoute Dominique. [3] Et les amis pensent à ce qu'ils vont faire quand ils arriveront. [4] Robert dit qu'il se couchera tout de suite, et qu'il dormira douze heures. «Allons nous coucher maintenant», dit Alain. «Il est tard.» [5] Les garçons portent les bagages des filles à l'auberge de jeunesse, [6] puis ils s'en vont. Le lendemain matin, ils prendront le petit déjeuner ensemble, avant de se mettre en route.

Répondez s'il vous plaît

Regardez les images 1–6

1. Qu'est-ce que les amis viennent de faire?
   Quelle heure est-il?
2. À quelle heure partiront-ils?
   Quand est-ce qu'ils arriveront?
3. À quoi pensent-ils?
   Qui jouera au volley-ball?
4. Qui se couchera quand ils arriveront?
   Combien de temps dormira-t-il?
5. Qu'est-ce que les garçons portent?
   Où vont-ils entrer?
6. Qui s'en va?
   Qu'est-ce que les amis prendront ensemble?

B

[7] Le lendemain matin, les garçons arrivent à l'auberge. «Bonjour les filles», dit Alain. «Nous nous sommes levés de très bonne heure ce matin. Des vaches nous ont réveillés à cinq heures!» [8] Après le petit déjeuner, les amis attendent Robert devant l'auberge de jeunesse. Il vient de faire le plein d'essence. [9] «Nous déjeunerons en route», dit Dominique. «Bon! J'achèterai des provisions, là-bas», dit Alain. [10] «Et moi, je préparerai du café», continue Marie-France. «Donnez-moi les thermos. Je les remplirai.» [11] Enfin il est temps de partir. C'est Alain qui conduira le premier. [12] Et c'est Dominique qui lira la carte et qui indiquera la route à Alain. Les amis se mettent en route vers le soleil . . .

Répondez encore une fois

Regardez les images 7–12

7. Où est-ce que les garçons arrivent?
   Qu'est-ce qui les a réveillés?
8. Où est-ce que les amis attendent?
   Qu'est-ce que Robert vient de faire?
9. Qu'est-ce qu'Alain va acheter?
   Où est-ce que les amis déjeuneront?
10. Qui préparera du café?
    Qu'est-ce qu'elle remplira?
11. Où est-ce que les amis vont monter?
    Qui conduira le premier?
12. Qu'est-ce que Dominique lira?
    Où vont-ils?

Conversations

1. Les amis font des projets

ROBERT   Qu'allez-vous faire quand nous arriverons demain soir?
MARIE-FRANCE   Ah, demain soir je nagerai dans la Méditerranée.
ALAIN   On jouera au volley-ball sur la plage.
DOMINIQUE   Moi, je danserai en plein air jusqu'à minuit.
ROBERT   Vous autres, vous nagerez et vous danserez peut-être, mais moi, je me coucherai tout de suite, et je dormirai douze heures.

    a. Où est-ce que Marie-France nagera?
    b. Où est-ce qu'Alain jouera au volley-ball?
    c. Où est-ce que Dominique dansera?

2. La fin du jour

ROBERT   Bonne nuit, les filles.
ALAIN   Vous vous réveillerez de bonne heure demain, n'est-ce pas?
DOMINIQUE   Oui, on se lèvera à six heures.
ALAIN   Nous arriverons ici à sept heures moins le quart.
MARIE-FRANCE   Non, venez à six heures et demie.
DOMINIQUE   Nous prendrons le petit déjeuner ensemble avant de nous mettre en route.
ROBERT   D'accord, nous vous attendrons devant l'auberge à six heures et demie.

    a. À quelle heure est-ce que les filles se lèveront?
    b. Où est-ce que Robert et Alain attendront les filles?
    c. Que prendront-ils avant de se mettre en route?

3. Le lendemain matin

MARIE-FRANCE   Est-ce qu'on va prendre le déjeuner en route?
ALAIN   Oui, on achètera du pain, du fromage et des fruits, et on mangera en plein air.
DOMINIQUE   On trouvera un endroit agréable au bord de la route.
MARIE-FRANCE   Il y a des magasins tout près d'ici.
ALAIN   Oui. J'achèterai des provisions et je les mettrai dans la voiture.

4. En route vers le soleil

Imaginez les réponses d'Alain, de Dominique et de Robert.

1. Qui va conduire le premier?   ALAIN . . . . .
2. Qui va lire la carte?   DOMINIQUE . .
3. Où as-tu mis les provisions?   ALAIN . . . . .
4. Qui va s'asseoir à côté d'Alain?   ROBERT . . . . .
5. Qui va indiquer la route à Alain?   DOMINIQUE . .
6. Qu'est-ce qu'il y a à manger?   ALAIN . . . . .

Pratique

18

Modèle A

TEMPS FUTUR — VERBES RÉGULIERS (*voir à la page 135*)

demain	on	jouera	au	football
	je	jouerai		tennis
	tu	joueras		volley-ball
	ils	joueront	de la	guitare
	nous	jouerons		batterie
	vous	jouerez	l'	accordéon

Exercice 1

Qu'est-ce qu'on va faire la semaine prochaine?
exemple
Aujourd'hui, on joue au tennis ici.
La semaine prochaine, on jouera au tennis dans le Midi.

1. Aujourd'hui, on travaille ici.
2. Aujourd'hui, on danse ici.
3. Aujourd'hui, on déjeune ici.
4. Aujourd'hui, on nage ici.
5. Aujourd'hui, on joue de la guitare ici.
6. Aujourd'hui, on écoute des disques ici.

Modèle B

demain	on il elle	finira dormira partira sortira	tard
		prendra boira vendra	beaucoup de vin

Exercice 2

1. À quelle heure est-ce qu'on arrivera demain?
2. Où est-ce qu'on jouera au tennis?
3. Où est-ce que les amis danseront?
4. Qu'est-ce que M. Marsaud fera avant de s'habiller?
5. Où est-ce que vous passerez les vacances?
6. Qui descendra le premier demain matin?

Exercice 3

Répondez aux questions comme dans l'exemple. Remplacez les mots *en italique* par *le, la, l'* ou *les*.
exemple
Est-ce qu'Alain va écrire *la lettre*?
Oui, il l'écrira demain.

1. Est-ce qu'ils vont écrire *la lettre*?
2. Est-ce qu'ils vont prendre *le réchaud*?
3. Est-ce qu'il va partir?
4. Est-ce qu'elle va sortir?
5. Est-ce que tu vas lire *le journal*?
6. Est-ce que tu vas me rendre *mon stylo*?
7. Est-ce que tu vas conduire *la voiture*?
8. Est-ce que nous allons nous baigner?
9. Est-ce que tu vas te laver?
10. Est-ce qu'ils vont acheter *les cadeaux*?

Composition : Les voleurs de pommes

1 2 3
4 5 6

Modèle C *EXTRA*

d'habitude	je me lève nous nous levons	tard
	il se promène nous nous promenons	au jardin public
	j'achète	des œufs au marché
demain	je me lèverai nous nous lèverons	de bonne heure
	il se promènera nous nous promènerons	au bord de la mer
	j'achèterai	des œufs à la ferme

Exercice 4

Voici l'agenda de Mme Marsaud pour la semaine prochaine. Elle parle à son mari de ce qu'elle fera. Qu'est-ce qu'elle dit?

exemple
Lundi matin j'irai chez Mme Rennes à dix heures.

lundi 10h. Chez Mme Rennes.

mardi 3h. Voir M. Lafayette à l'école.

mercredi 21h. Aider M. Gillot au club.

jeudi 9h. Faire des achats en ville.

vendredi 12h. Déjeuner chez ma sœur.

samedi 18h. Écrire des lettres.

dimanche 10h. Jouer au tennis avec Marie-France.

ON PART!

18

Marie-France part en vacances vers le Midi, c'est-à-dire vers le sud. On peut aller en vacances à l'ouest, en Bretagne, où il y a des plages. Si l'on préfère la montagne on va à l'est, en Alsace ou dans le Jura. Si on va dans le nord, on trouvera aussi des plages et des campings—mais on trouvera aussi, peut-être, de la pluie!

> Marc et Jeanne ont décidé de passer leurs vacances à faire le tour d'Europe en voiture. Pouvez-vous les aider à préparer leur itinéraire? Il faut prévoir les routes, les distances, les villes à voir. Bon voyage, les Gillot!

Le nord: une plage en Normandie

L'ouest: un camping en Bretagne, au bord de la mer

L'est: Kayserberg en Alsace

Le sud: une ferme en Provence

19 À Paris

Un jour, le directeur de la banque où Marie-France travaille lui a dit de venir le voir dans son bureau. Il a dit qu'il savait que Marie-France travaillait très bien et qu'il voulait lui donner des conseils. Il lui a conseillé d'aller à Paris suivre un cours pour les employés de la banque qui veulent travailler à l'étranger, en Angleterre, en Allemagne ou en Espagne. Comme Marie-France veut travailler à Londres, elle a décidé de nous demander la permission de suivre ce cours. D'abord ma femme a été un peu inquiète . . .

A

1 2 3
4 5 6

[1] «Où habiteras-tu à Paris?» a demandé Mme Marsaud. «Il sera très difficile de trouver une chambre à louer.» «J'aurai une chambre au foyer des étudiants», a répondu Marie-France. [2] «Et il y aura un restaurant au foyer où je pourrai prendre mes repas. [3] Je devrai travailler beaucoup et il y aura un examen à la fin du cours. [4] Je reviendrai vous voir de temps en temps, bien entendu, [5] mais je ne me sentirai pas seule—il y aura au moins quarante étudiants.» «Alors, tu pourras te faire beaucoup d'amis», a dit son père. [6] «Enfin, nous te permettons d'y aller, mais nous irons te voir au foyer.»

Répondez s'il vous plaît
Regardez les images 1–6

1. Qu'est-ce qu'il sera difficile de trouver à Paris?
   Où est-ce que Marie-France habitera?
2. Où est-ce qu'il y aura un restaurant?
   Où prendra-t-elle ses repas?
3. Que fera Marie-France pendant son cours?
   Quand est-ce qu'elle aura un examen?
4. Est-ce que Marie-France reviendra quelquefois?
   Pourquoi reviendra-t-elle?
5. Combien y aura-t-il d'étudiants?
   Est-ce que Marie-France se fera des amis?
6. Est-ce que ses parents lui permettent d'y aller?
   Qu'est-ce qu'ils feront?

19

B

[7] Ainsi Marie-France a commencé à faire ses préparatifs pour le départ. [8] «Qui fera la lessive pour toi?» ont demandé les enfants. «Tu l'enverras à maman?» «Certainement pas», a répondu Marie-France. «Je la ferai moi-même. [9] Robert ne sera pas là, et j'aurai beaucoup de temps.» «Oui», a dit Jean-Paul. «Tu ne pourras pas sortir avec lui. [10] Avec qui est-ce que tu iras au cinéma, par exemple?» «Avec des amies, peut-être.» [11] «Ah non», a dit Claudette. «Tu rencontreras beaucoup de beaux jeunes gens.» [12] «Et Robert trouvera une autre amie quand tu seras à Paris. Pauvre Marie-France!»

Répondez encore une fois
Regardez les images 7–12

7. Où est-ce que Marie-France a mis ses vêtements?
   Combien de valises avait-elle?
8. Est-ce qu'elle enverra sa lessive à sa mère?
   Qui fera sa lessive?
9. Qui ne sera pas à Paris?
   Qu'est-ce que Marie-France ne pourra pas faire?
10. Avec qui sortira-t-elle, peut-être?
    Où est-ce qu'elle ira?
11. Qui est-ce qu'elle rencontrera?
    Comment seront les jeunes gens?
12. Que fera Robert?
    Où sera Marie-France?

⊙ Conversations

1. La permission de suivre le cours

M. MARSAUD   Enfin, nous allons te permettre de suivre ce cours, n'est-ce pas, chérie?
MME MARSAUD   D'accord, mais je serai un peu inquiète, j'en suis sûre.
MARIE-FRANCE   Oh, vous êtes très gentils! Ce sera très intéressant pour moi. Merci bien!
M. MARSAUD   Nous irons te voir dans ce foyer.
MARIE-FRANCE   Vous pourrez venir me voir quand vous voudrez. Je vous préparerai un bon repas.

a. Qu'est-ce que Marie-France a la permission de faire?
b. Est-ce que Mme Marsaud en est contente?
c. Que fera Marie-France pour ses parents?

2. Une question de lessive

CLAUDETTE   Qui fera la lessive pour toi, Marie-France?
MARIE-FRANCE   Je la ferai moi-même, bien entendu.
JEAN-PAUL   Oh, tu ne l'enverras pas à maman?
MARIE-FRANCE   Non, il y a des machines à laver au foyer. Il sera très facile de la faire moi-même.
CLAUDETTE   Elle n'est pas si paresseuse que toi, Jean-Paul!

a. Qu'est-ce que Marie-France fera elle-même?
b. Où est-ce qu'elle la fera?
c. Qui est paresseux?

3. La pauvre Marie-France

JEAN-PAUL   Tu sais que Robert rencontrera une autre jeune fille sympathique, quand tu seras à Paris?
CLAUDETTE   Il ne voudra plus sortir avec toi.
JEAN-PAUL   Pauvre Marie-France! Tu ne le verras plus jamais; il t'oubliera.
MARIE-FRANCE   Oh, je serai très contente d'aller à Paris, loin de toi, mon petit frère!

a. Qu'est-ce que Robert ne voudra plus faire?
b. Qui est-ce qu'il oubliera?
c. Pourquoi est-ce que Marie-France sera contente d'aller à Paris?

4. Le pauvre Robert!

Jean-Paul se moque de Marie-France. Il lui dit ce qu'elle ne fera plus avec son ami Robert.

Imaginez ce qu'il dit.
exemple : Tu ne le verras plus.
Plus tard Jean-Paul rencontre Robert.
Qu'est-ce qu'il lui dit?
exemple : Vous ne la verrez plus.

Marie-France ne pourra plus :

| voir Robert | danser avec lui | aller au cinéma |
| sortir avec lui | **aller au théâtre** | aller au café |

116

Pratique

19

Modèle A
TEMPS FUTUR — VERBES IRRÉGULIERS (*voir à la page* 137).

	aujourd'hui			demain		
être	je nous ils	suis sommes sont	à Paris	je nous ils	serai serons seront	à Rome
aller	je nous ils	vais allons vont		j' nous ils	irai irons iront	
avoir	j' elle ils	ai a ont	une petite voiture	j' elle ils	aurai aura auront	une grande voiture
venir	tu il vous	viens vient venez	ici à six heures	tu il vous	viendras viendra viendrez	ici à sept heures
voir	je elle vous	vois voit voyez	Jean-Paul	je elle vous	verrai verra verrez	Michel
envoyer	j' tu nous	envoie envoies envoyons	des lettres	j' tu nous	enverrai enverras enverrons	des paquets

Exercice 1
Où est-ce qu'ils seront demain?
exemple
Demain, Michel sera au club.

Exercice 2
Où iront-ils en vacances?
exemple
M. et Mme Lafayette iront à Paris.

Exercice 3
Posez les questions
exemple
Oui, il la réparera demain.
Est-ce que Robert va réparer la machine à laver?

1. Oui, il l'enverra demain.
2. Oui, il la verra demain.
3. Oui, il ira les voir demain.
4. Non, mais je le verrai demain.
5. Non, mais j'irai demain.
6. Non, mais je la laverai ce soir.
7. Oui, il y en aura dans le buffet.
8. Non, il n'y en aura pas.
9. Mais oui, je serai à l'heure.
10. Non, mais ils viendront demain.

Modèle B

aujourd'hui il	fait	beau chaud du soleil	demain il	fera	mauvais froid du vent
	pleut neige			pleuvra neigera	

Exercice 4
Donnez la météo pour demain.
exemple
Hier, il a neigé dans le nord.
Demain, il neigera dans le nord.

1. Hier, il a plu dans l'ouest.
2. Hier, il a fait du vent dans l'est.
3. Hier, il a fait assez beau dans le Midi.
4. Hier, il y avait du brouillard dans le centre.
5. Hier, il a fait beau à Paris.

117

L'avenue des Champs-Élysées

Marie-France s'amuse

Marie-France a passé tout l'été à Paris. Elle suivait un cours pour les employés de la banque qui voulaient travailler à l'étranger. Elle devait travailler presque tous les soirs, mais le week-end elle s'amusait bien. Au foyer, elle a fait la connaissance de beaucoup d'étudiantes, et elle sortait de temps en temps avec elles. Quelquefois Robert venait la voir au week-end, mais quand il ne pouvait pas venir, elle sortait avec ses nouvelles amies.

C'est à Paris que Marie-France a fait la connaissance de Philippe. Un week-end, Robert ne pouvait pas venir la voir. Samedi soir, elle est sortie avec quelques amies du foyer. Elles sont allées se promener sur les Champs-Élysées. Là, elles ont rencontré un groupe d'étudiants, qui les ont invitées à aller danser dans un club tout près. Tout le monde s'est bien amusé; un des étudiants, qui s'appelait Philippe, a voulu voir Marie-France le lendemain. Elle lui a dit de venir la chercher au foyer à deux heures.

Dimanche après-midi, Philippe attendait Marie-France dans la salle commune du foyer. Marie-France est bientôt descendue; elle s'est assise pour parler avec Philippe.

«Alors, Philippe, qu'est-ce que nous ferons cet après-midi? Je voudrais faire une promenade.»

«D'accord; nous irons nous promener au bord de la Seine, si tu veux.»

«Très bien, je vais chercher mon sac et nous partirons tout de suite.»

À ce moment-là, Sylvie, une des amies de Marie-France, est entrée.

«Marie-France, voici un télégramme pour toi. Il vient d'arriver. Ah, bonjour Robert. Je n'ai pas fait votre connaissance, mais Marie-France m'a souvent parlé de vous . . .»

«Mais Sylvie, ce n'est pas Robert . . . je te présente Philippe; c'est un nouvel ami.»

«Oh, je m'excuse; je ne savais pas . . . euh . . . je dois partir tout de suite . . . je te verrai plus tard, Marie-France . . .»

«Attends un moment, Sylvie; je vais lire mon télégramme et puis nous sortirons ensemble. Tiens, c'est de Robert. Il m'a écrit l'autre jour pour me dire qu'il ne pouvait pas venir me voir, mais il dit maintenant qu'il viendra me chercher au foyer à trois heures!»

Ce pauvre Philippe! Marie-France ne savait que faire. Enfin, c'est Sylvie qui a eu une bonne idée.

«Je n'ai rien à faire. Nous ferons une promenade ensemble. Et Philippe, tu me montreras les ponts de Paris!»

Conversations

A. Imaginez la conversation des quatre amis, quand Robert est arrivé au foyer.

B. Marie-France a raconté l'histoire à son amie Françoise. Françoise s'est bien amusée!

Modèle C EXTRA

aller	la semaine prochaine	j'	irai	chercher des pantoufles
pouvoir		je	pourrai	acheter un scooter
vouloir			voudrai	danser
devoir			devrai	me reposer
savoir			saurai	jouer au volley-ball

Modèle D

	aujourd'hui		demain	
elle a	besoin de sucre	elle aura	besoin d'œufs
il y a	des tentes	il y aura	des caravanes
il faut	acheter une auto	il faudra	gagner de l'argent

PROMENADES DANS PARIS 19

Marie-France s'est bien amusée pendant les six mois qu'elle a passés à Paris. Elle a pris beaucoup de photos, qu'elle a mises dans son album.

Elle a pris une belle photo de Notre-Dame.

Elle a visité la Tour Eiffel, bien entendu.

Elle s'est promenée le long des quais de la Seine, où elle a regardé les artistes; elle a acheté des cartes postales chez les bouquinistes sur les quais.

Elle a fait une promenade en bateau sous les ponts de Paris.

Paris

Imaginez que vous êtes Marie-France; écrivez une lettre à grand-mère; parlez-lui d'une journée que vous avez passée à Paris.

20 Les Marsaud en vacances

Marie-France est déjà partie pour Paris, où elle va suivre son cours. Maman et papa ont donc décidé de partir en vacances avec Jean-Paul et moi. Nous sommes tous montés dans la vieille voiture et nous sommes partis vers le Midi. Après un long voyage, nous sommes arrivés dans un joli petit village du Midi, où nous avons décidé de passer quelques jours. Mais d'abord, il fallait trouver le Camping municipal . . .

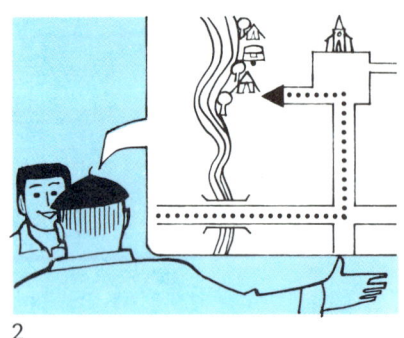

A

1

2

3

4

5

6

[1] Après un long voyage en voiture, les Marsaud sont arrivés dans un joli petit village du Midi. [2] Jean-Paul a demandé à un paysan où se trouvait le Camping municipal, et le paysan lui a indiqué le chemin. [3] Quand ils y sont arrivés, le camping était presque complet, mais l'employé leur a permis d'entrer. [4] Ils ont trouvé un bel endroit, entre deux caravanes et tout près de la rivière, [5] et ils se sont vite installés près de deux grands arbres. [6] C'est alors que Claudette a remarqué l'arrivée de leurs amis, les Fournier, qui habitaient la caravane d'à côté! Quelle bonne surprise!

Répondez s'il vous plaît

Regardez les images 1–6

1. Où est-ce que les Marsaud sont arrivés?
   Comment y sont-ils arrivés?
2. Qu'est-ce que Jean-Paul a demandé?
   Qu'est-ce que le paysan a fait?
3. Comment était le camping?
   Qu'est-ce que l'employé leur a permis de faire?
4. Où allaient-ils s'installer?
   Où était la rivière?
5. Où se sont-ils installés?
   Qui est à l'ombre des arbres?
6. Qui est arrivé?
   Où habitaient-ils?

120

B

7

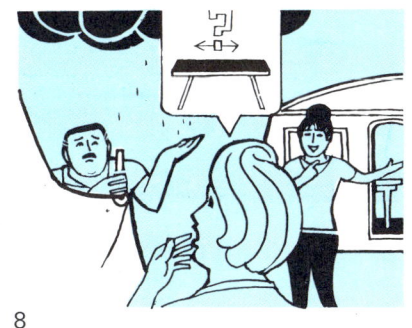

8

9

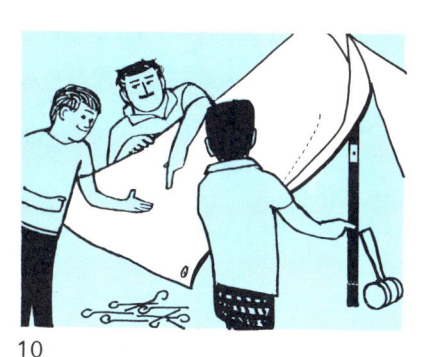

10

11

12

[7] «Nous sommes arrivés avant-hier et nous partirons après-demain», a dit Mme Fournier. [8] «Mais zut! Il va pleuvoir et vous n'avez pas fini de dresser la tente. Venez dîner avec nous.» [9] Elle a envoyé Hélène chez le boulanger acheter du pain, [10] et Pierre a aidé M. Marsaud et Jean-Paul à dresser la tente. [11] Ce travail fini, Jean-Paul a proposé de jouer aux boules, avant le dîner. [12] Ils étaient sur le point de commencer à jouer, quand ils ont remarqué un vieux monsieur qui descendait d'une voiture. «Tiens!» a dit Pierre. «C'est M. Lafayette! Que le monde est petit!»

Répondez encore une fois

Regardez les images 7–12

7. Quand est-ce que les Fournier sont arrivés?
   Quand est-ce qu'ils partiront?
8. Quel temps faisait-il?
   Que faisait M. Marsaud?
9. Où est-ce qu'Hélène est allée?
   Pour quoi faire?
10. Qui a aidé les Marsaud?
    Que faisaient-ils?
11. Qu'est qu'ils venaient de faire?
    Qu'est-ce que Jean-Paul a proposé?
12. Que faisait le vieux monsieur?
    Qui l'a remarqué?

Conversations

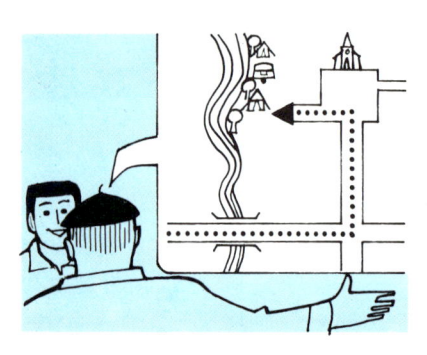

1. Le chemin du camping municipal

M. MARSAUD — Jean-Paul, va demander à cet homme où se trouve le camping.

JEAN-PAUL — Excusez-moi, monsieur. Pour aller au camping, s'il vous plaît?

LE PAYSAN — Traversez la rivière sur le pont là-bas, tournez à gauche et allez tout droit, jusqu'à la place. Vous verrez une église en face. Tournez encore à gauche et vous trouverez le camping au bord de la rivière. Ce n'est pas loin.

JEAN-PAUL — Merci bien, monsieur.

LE PAYSAN — Il n'y a pas de quoi.

a. Que faut-il traverser pour arriver au camping?
b. Qu'y a-t-il à côté de la place?
c. Où est le camping?

2. On ira à la pêche

JEAN-PAUL — Ah, voilà un endroit libre, entre ces deux caravanes, tout près de la rivière.

M. MARSAUD — Bon, je pourrai aller à la pêche demain matin, si je peux trouver ma canne à pêche.

JEAN-PAUL — Moi aussi, j'irai à la pêche demain, si je me réveille à temps.

M. MARSAUD — Je te réveillerai quand je me lèverai, à six heures, si tu veux.

JEAN-PAUL — Ah non! Réveille-moi à dix heures. Ça ira!

a. Qu'est-ce que M. Marsaud veut faire?
b. Qu'est-ce qu'il devra chercher?
c. À quelle heure se lèvera-t-il?

3. La partie de boules

JEAN-PAUL — Sais-tu jouer aux boules?

PIERRE — Bien entendu. Tu veux jouer avant le dîner?

JEAN-PAUL — D'accord! Tu peux m'offrir une glace quand je gagnerai.

PIERRE — Et si tu perds?

JEAN-PAUL — Si je perds, tu m'achèteras un grand verre de limonade! Allons-y!

a. À quoi est-ce que les garçons savent jouer?
b. Quand vont-ils jouer aux boules?
c. Qui va gagner le prix?

4. Les Marsaud s'installent

Quelle chance! Les Marsaud trouvent un bel endroit près de deux grands arbres, et ils commencent à s'installer. M. Marsaud dit qu'il va descendre la tente. Jean-Paul va l'aider et Claudette range les chaises. Mme Marsaud décide qu'elle préfère être à l'ombre des arbres, parce qu'il va peut-être pleuvoir. Elle dit à Claudette d'apporter les chaises, et à son mari de se dépêcher!

Imaginez la conversation des Marsaud.

Pratique

Modèle A

quand	je serai grand	je travaillerai	à l'étranger en Allemagne
	j'irai en vacances	je visiterai	Rome Nice
	j'aurai assez d'argent	j'achèterai	un scooter un électrophone

Exercice 1
Où iront-ils?
exemple
Marc ira à l'étranger quand il aura assez d'argent.

Modèle B

| venez
entrez | quand vous serez | prêts |
| reposez-vous | | fatigués |

Modèle C

| si | je me réveille de bonne heure | j'irai à la pêche
je préparerai le petit déjeuner
je ferai une promenade | |
| | je vais en ville | j'achèterai
je chercherai | des disques
des livres
un cadeau pour Michel |

Exercice 2
Qu'est-ce qu'on fera, s'il fait beau?
exemple
S'il fait beau, Jean-Paul ira à la pêche.

Exercice 3
Faites des phrases en employant ces expressions. Attention! Ne faites pas de bêtises.

| il y a un mois
l'autre jour
hier soir
depuis une semaine
ce matin
demain
l'année prochaine | Gaby
Michel | voulait acheter
a décidé de
vient d'arriver
est en train de
va téléphoner
ira |

123

Composition: Un weekend à Paris

Écoutez l'histoire et puis répondez à ces questions :

1. Où habite le cousin de Pierre ?
2. Comment s'appelle-t-il ?
3. Qu'est-ce que Jean-Paul et Pierre ont voulu faire ?
4. Quel match est-ce qu'ils allaient voir ?
5. Qu'est-ce que la mère de Georges a fait ?
6. À quelle heure est-ce que les garçons sont arrivés ?
7. Où est-ce que Georges les a retrouvés ?
8. Comment est-ce que les garçons sont rentrés ?
9. Comment est-ce qu'ils ont passé la soirée ?
10. Où est-ce que les garçons sont allés le lendemain matin ?
11. Qu'est-ce qu'ils y ont fait ?
12. Qu'est-ce qu'ils ont décidé de faire le soir ?
13. À quelle heure est-ce qu'ils y sont arrivés ?
14. Qui est-ce que Jean-Paul a remarqué ?
15. Qui est entré avec Marie-France ?
16. Où est-ce qu'ils se sont assis ?
17. Qu'est-ce que Jean-Paul a fait ?
18. Qu'est-ce qu'il a dit ?
19. Est-ce que le jeune homme était Robert ?
20. Qu'est-ce que Marie-France et son ami ont fait ?

EXTRA

quand	je suis entré il y a un quart d'heure	Pierre jouait de la guitare les enfants faisaient leurs devoirs Claudette écoutait la radio
	j'étais jeune	j'habitais au bord de la mer mon père travaillait à la ferme
pendant les vacances		il faisait beau

Conversation

Écoutez la conversation, puis jouez le rôle d'Alice.

ALICE
COLETTE   Oui, je la connais bien ; elle est la sœur de Jean-Paul.
ALICE
COLETTE   Oui, elle y travaillait avec Monique.
ALICE
COLETTE   Ah oui, elle y est allée suivre un cours.
ALICE
COLETTE   Dans un foyer, je crois. Les Marsaud y sont allés la semaine dernière.
ALICE
COLETTE   On m'a dit qu'elle y sera tout l'été.
ALICE
COLETTE   Oui, c'est une bonne idée ; j'aime beaucoup aller à Paris.
ALICE
COLETTE   D'accord ; dimanche prochain.
ALICE
COLETTE   Oui, bien sûr ; je lui écrirai ce soir.
ALICE
COLETTE   Oui, à la gare . . . à sept heures.
ALICE
COLETTE   À dimanche. Au revoir, Alice.

EN VACANCES!

20

Les Marsaud ont reçu un tas de cartes postales de leurs amis et parents, qui sont en vacances. Grand-mère et grand-père sont en Suisse, les Rennes sont sur la Côte d'Azur, l'oncle Georges et la tante Irène sont en Bretagne.

Henri Gautier est dans une colonie de vacances près d'Avignon en Provence, mais M. et Mme Gautier sont partis pour la Belgique.

Marc et Jeanne Gillot ont déjà visité la Suisse et l'Espagne. Cette année ils visitent l'Italie.

Le moulin de Daudet, près d'Avignon, qu'Henri Gautier a visité en Provence.

Voici Bénodet en Bretagne, où l'oncle Georges et la tante Irène passent leurs vacances.

La carte postale envoyée par grand-mère et grand-père de la Suisse.

La carte postale que Marc et Jeanne Gillot ont envoyée de Rome.

Juan-les-Pins, sur la Côte d'Azur, où les Rennes sont en vacances.

Jean-Paul te parle

Où vas-tu pour tes vacances?
Tu pars en famille?
Est-ce que tu veux venir nous voir en France?
Pourquoi pas m'écrire une carte postale?

Au revoir, les copains, et Bonnes Vacances!

Malbrough s'en va-t-en guerre

1. Malbrough s'en va-t-en guerre, mironton, ton ton, mirontaine! Malbrough s'en va-t-en guerre, ne sait quand reviendra, ne sait quand reviendra, ne sait quand reviendra!

2. Il reviendra-z-à Pâques,
Mironton, ton ton, mirontaine!
Il reviendra-z-à Pâques
Ou à la Trinité. *(ter)*

3. La Trinité se passe...
Malbrough ne revient pas.

4. Madame à sa tour monte...
Si haut qu'ell' peut monter.

5. Elle aperçoit son page...
Tout de noir habillé.

6. Beau page, ah! mon beau page!...
Quell' nouvelle apportez?

7. Aux nouvell' que j'apporte...
Vos beaux yeux vont pleurer.

8. Quittez vos habits roses...
Et vos satins brochés!

9. Monsieur d'Malbrough est mort...
Est mort et enterré

10. J' l'ai vu porter en terre...
Par quatre-z-officiers.

11. L'un portait la cuirasse...
L'autre son bouclier.

12. L'un portait son grand sabre...
L'autre ne portait rien.

13. À l'entour de sa tombe...
Romarin l'on planta.

14. Sur la plus haute branche...
Le rossignol chanta.

V'là l'bon vent

1. V'là l'bon vent, v'là l'joli vent, v'là l'bon vent, ma mie m'appelle, mie m'attend. Derrièr' chez nous y a un étang, trois beaux canards s'en vont baignant.

2. Trois beaux canards s'en vont baignant; *(bis)*
Le fils du roi s'en va chassant.

3. Avec son grand fusil d'argent;
Visa le noir, tira le blanc.

4. O fils du roi, tu es méchant!
D'avoir tué mon canard blanc.

À la claire fontaine

1. À la claire fontaine m'en allant promener,
j'ai trouvé l'eau si belle que je m'y suis baignée.

REFRAIN
Il y a longtemps que je t'aime, jamais je ne t'oublierai.

2. À l'ombre d'un beau chêne
Je me suis fait sécher;
Sur la plus haute branche
Le rossignol chantait.

Refrain
Il y a longtemps que je t'aime,
Jamais je ne t'oublierai.

3. Chante, rossignol, chante,
Toi qui as le cœur gai,
Tu as le cœur à rire,
Moi je l'ai à pleurer!

4. C'est pour mon ami Pierre
Qui ne veut plus m'aimer,
Pour un bouton de rose
Que je lui refusai.

5. Je voudrais que la rose
Fût encore au rosier
Et que mon ami Pierre
Fût encore à m'aimer.

Meunier, tu dors

1. Meunier, tu dors, ton moulin va trop vite, moulin va trop fort. Ton moulin, ton moulin va trop vite ton moulin, ton moulin va trop fort, va trop fort.

2. Meunier, tu dors, un voleur, un voleur,
Meunier, tu dors, un voleur est chez toi.
Un voleur, un voleur est chez toi,
Un voleur, un voleur est entré.

Le bon roi Dagobert

1. Le bon roi Dagobert,
Avait mis sa culotte à l'envers.
Le grand saint Éloi
Lui dit: « O mon roi!
Votre Majesté est mal culottée.
— C'est vrai, lui dit le roi,
Je vais la remettre à l'endroit. »

2. Le bon roi Dagobert,
Avait un grand sabre de fer.
Le grand saint Éloi
Lui dit: « O mon roi!
Votre Majesté
Pourrait se blesser.
— C'est vrai, lui dit le roi,
Qu'on me donne un sabre de bois. »

3. Le bon roi Dagobert,
Se battait à tort, à travers.
Le grand saint Éloi
Lui dit: « O mon roi!
Votre Majesté
Se fera tuer.
— C'est vrai, lui dit le roi,
Mets-toi bien vite devant moi. »

4. Quand Dagobert mourut,
Le diable aussitôt accourut.
Le grand saint Éloi
Lui dit: « O mon roi!
Satan va passer,
Faut vous confesser.
— Hélas! dit le bon roi,
Ne pourrais-tu mourir pour moi. »

Auprès de ma blonde

Dans les jardins d'mon père Les lilas sont fleuris. Dans les jardins d'mon père les lilas sont fleuris. Tous les oiseaux du monde vienn'nt y faire leurs nids.

REFRAIN
Auprès de ma blonde Qu'il fait bon, fait bon, fait bon, Auprès de ma blonde Qu'il fait bon dormir.

1. Dans les jardins d'mon père } bis
Les lilas sont fleuris
Tous les oiseaux du monde
Vienn'nt y faire leurs nids.

Refrain
Auprès de ma blonde
Qu'il fait bon, fait bon, fait bon,
Auprès de ma blonde
Qu'il fait bon dormir.

2. La caill', la tourterelle
Et la joli' perdrix...

3. Et ma joli' colombe
Qui chante jour et nuit...

4. Qui chante pour les filles
Qui n'ont pas de mari...

5. Pour moi ne chante guère
Car j'en ai un joli...

Maudit sois-tu, carillonneur

Maudit sois tu, carillonneur, que Dieu créa pour mon malheur. Dès le point du jour à la cloch' il s'accroche. Et le soir encor' carillonne plus fort. Quand sonnera-t-on la mort du sonneur.

Grammar Summary

A. Articles and determinatives

1.

masculine singular		feminine singular		plural	
le **un**	livre	**la** **une**	montre	**les** **des**	livres montres hommes amies églises
l' **un**	homme arbre	**l'** **une**	amie église		
le **du**	fromage vin	**la** **de la**	soupe neige		
de l'	argent ail	**de l'**	eau huile		

The article placed before a noun agrees with that noun in number (singular **LE, LA, L'** or plural **LES**) and gender (masculine **LE** or feminine **LA**).

2. LE LA L' LES *the*
are often used in French when *the* would not be used in English:
Je n'aime pas **LE** café.   *I don't like coffee.*
J'apprends **LE** français.   *I am learning French.*

3. When used with **À**   *to, at*
LE becomes **AU**: Nous allons **AU** cinéma ce soir.
LES becomes **AUX**: Je vais donner des chocolats **AUX** enfants.

4. When used with **DE**   *of, from*
LE becomes **DU**: Pierre rentre **DU** café.
Mme Lafayette est la femme **DU** professeur.
LES becomes **DES**: Voilà le père **DES** enfants.
Remember there is no 's' apostrophe in French, and **DE** is used to show who owns something: Voici le cahier **DE** Jean-Paul.
Où sont les lunettes **DU** professeur?

5. UN UNE DES   *a, an, some*
are used when no particular person or thing is being referred to:
J'ai besoin d'**UN** crayon. Donnez-moi **UNE** tasse de café.
Je vais au jardin public avec **DES** amis.

6. DU DE LA DE L' DES   *some, any*
J'ai **DU** vin dans mon verre. Il y a **DES** pommes sur le buffet.

7. DE or **D'** are used alone, instead of **UN UNE DU DE LA DE L' DES**:
- after a negative expression:
  Tu as **DES** frères? Non, je n'ai pas **DE** frères.
  Y a-t-il **DU** sucre? Non, il n'y a pas **DE** sucre.
- with expressions of quantity:

il y a	beaucoup trop assez un peu un kilo	de	pommes pain beurre sucre
	un paquet		thé
	une bouteille	d'	huile

- with **AVOIR BESOIN**: J'ai besoin **D'**argent.
- often, when an adjective comes before a plural noun:
  Je vais acheter **DE** belles robes.
  But J'ai acheté **DES** robes élégantes.

8. CE CET CETTE CES   *this, that, these, those*
are used to indicate particular persons or things with more emphasis than when using the definite article (**LE LA L' LES**).

masc. sing.	**ce**	garçon	est	intelligent content
	cet	enfant homme		
	CET is used with masc. sing. nouns which begin with a vowel sound, and before adjectives which begin with a vowel sound			
		excellent fromage		cher
fem. sing.	**cette**	femme Anglaise		stupide fatiguée
plural	**ces**	garçons hommes	sont	pressés allemands
		femmes		françaises

9. When it is important to distinguish between *this/these* and *that/those* we add **-CI** or **-LÀ** to the noun:
Je n'aime pas cette jupe-**CI**. Je préfère cette robe-**LÀ**.

10. CELUI (masc. sing.) **CELLE** (fem. sing.) **CEUX** (masc. pl.) **CELLES** (fem. pl.) *this (one), that (one), these, those*, are pronouns used instead of **CE** etc. with a noun:
- with **-CI** or **-LÀ** to indicate particular persons or things:
  Je vais prendre **CELUI-CI**.   *I'll take this one.*
  Je n'aime pas **CEUX-LÀ**.   *I don't like those.*
- meaning *the latter* or *last-mentioned* (**CELUI-CI**) and *the former* or *first-mentioned* (**CELUI-LÀ**):
  J'ai rencontré Jean et Robert ce matin. **CELUI-CI** vient d'acheter un scooter, mais Jean a toujours son vélo.
- with **DE** etc. to show possession:
  Tu as pris mon stylo? Non, j'ai emprunté **CELUI** de Brigitte.

11. MON MA MES etc. (possessive adjectives)

masculine singular		feminine singular		plural	
mon	père	**ma**	mère	**mes**	parents
ton	frère	**ta**	sœur	**tes**	cousins
son	oncle	**sa**	tante	**ses**	cousines
notre	cousin	**notre**	cousine	**nos**	amis
votre	ami	**votre**		**vos**	amies
leur		**leur**		**leurs**	

The possessive adjectives agree in number (singular or plural) with the noun. **MON TON SON** also have feminine singular forms **MA TA SA**: Voilà **MON** livre et **MA** montre.
But **MON TON SON** are used before a feminine singular noun (or a preceding adjective) which begins with a vowel sound:
Tu connais **MON** amie Françoise? Voilà **MON** autre amie Claudette.

12. The possessive adjective is repeated (and agrees) before each noun:
MON père et **MA** mère sont en vacances.

SON SA SES *his, her, its, one's:* **SON** chapeau *his hat, her hat,* etc. **SA** mère *his mother, her mother.*
The meaning is usually clear from the other parts of the sentence. **Remember** the possessive adjective agrees with the thing possessed and not with the owner: M. Lafayette a perdu **SA** clef. Mme Marsaud va au cinéma avec **SON** mari.

Adjectives

	masculine			feminine	
Jean-Paul a	un chapeau	vert brun noir bleu rouge jaune	Claudette a	une robe	verte brune noire bleue rouge jaune
Voici	des crayons	verts gris rouges	Voilà	des serviettes	vertes grises rouges

Adjectives agree in number and gender with the noun.
Note Adjectives which end in **E** do not change in the feminine:
Un ballon **ROUGE**   Une jupe **ROUGE**
Adjectives which end in **S** or **X** do not change in the masculine plural:
Un stylo **GRIS**   Des stylos **GRIS**
Un **VIEUX** bateau   Deux **VIEUX** bateaux
Pay special attention to the following adjectives:

masc. sing.	fem. sing.	masc. plural	fem. plural
beau (bel)	belle	beaux	belles
nouveau (nouvel)	nouvelle	nouveaux	nouvelles
blanc	blanche	blancs	blanches
sec	sèche	secs	sèches
boueux	boueuse	boueux	boueuses
central	centrale	centraux	centrales
municipal	municipale	municipaux	municipales
cher	chère	chers	chères
dangereux	dangereuse	dangereux	dangereuses
dernier	dernière	derniers	dernières
premier	première	premiers	premières
doux	douce	doux	douces
étranger	étrangère	étrangers	étrangères
français	française	français	françaises
(and many other adjectives which end in -s)			
gros	grosse	gros	grosses
heureux	heureuse	heureux	heureuses
léger	légère	léger	légères
neuf	neuve	neufs	neuves
sportif	sportive	sportifs	sportives
long	longue	longs	longues
public	publique	publics	publiques
prêt	prête	prêts	prêtes
secret	secrète	secrets	secrètes
vieux (vieil)	vieille	vieux	vieilles

Note the differences in pronunciation between the different forms.

16. Some adjectives have a second form of the masculine singular, used before a noun or another adjective which begins with a vowel sound:
BEAU   BEL   Quel **BEL** homme!
NOUVEAU NOUVEL   Le **NOUVEL** an.
VIEUX   VIEIL   Ce **VIEIL** homme.

17. Most adjectives usually follow the noun.

18. The following adjectives usually go before the noun:
♦ ordinal numbers: Grand-père va arriver par le **PREMIER** train.
♦ possessive adjectives: **MON TON SON** etc.

♦ | | | | |
|---|---|---|---|
| autre | chaque | joli | quelque |
| beau | gros | long | vieux |
| bon | jeune | petit | vilain |

19. To compare persons or things we usually use one of the following constructions:

Robert	est	plus moins aussi	grand	que	Pierre
	n'est pas	aussi *or* si			

C. Indefinite adjectives and pronouns

20. **CHAQUE** adjective, *each, every* does not vary:
CHAQUE garçon a un livre et **CHAQUE** fille a un livre.

21. **CHACUN CHACUNE** pronoun, *each one, every one*:
CHACUN des garçons a un livre et **CHACUNE** des filles a un livre.

22. **QUELQUE QUELQUES** adjective, *some, several*:
Je reviendrai **QUELQUE** jour.   *I shall return some day.*
J'ai invité **QUELQUES** amis.   *I have invited some friends.*

23. **QUELQU'UN** pronoun, *someone*:
QUELQU'UN est arrivé.

24. **AUTRE AUTRES** adjective and pronoun, *another, other*:
Les **AUTRES** (élèves) sont arrivés en retard.
Nous y irons un **AUTRE** jour.

25. **TOUT TOUTE TOUS TOUTES** adjectives and pronoun, *all*:
Ne mange pas **TOUT** le fromage.
Je vais passer **TOUTE** la journée en ville.
TOUS les enfants sont partis.
TOUTES les filles vont aller à Paris.

26. **TOUT** pronoun, *everything*:
J'ai **TOUT**.
Note **TOUT LE MONDE**, *everyone*:
Asseyez-vous, **TOUT LE MONDE**.

27. **MÊME MÊMES** adjective (before noun) *same*:
Il est arrivé le **MÊME** jour.
Nous avons choisi les **MÊMES** disques.

D. Nouns

28. To form the plural of a noun, **S** is usually added to the singular form.
Remember S is usually only pronounced when followed by a word which begins with a vowel sound:

un homme	des hommes
une femme	des femmes
l'enfant	les enfants
la fillette	les fillettes

29. Nouns which end in **S** or **X** or **Z** do not change in the plural:

| le bras | les bras |
| le fils | les fils |

30. Pay particular attention to the following nouns:

le genou	les genoux	l'animal	les animaux
le chou	les choux	le cheval	les chevaux
le chapeau	les chapeaux	le journal	les journaux
le château	les châteaux	le travail	les travaux
le gâteau	les gâteaux	l'œil	les yeux

E. Personal pronouns

31.

SUBJECT	DIRECT OBJECT	INDIRECT OBJECT	REFLEXIVE	EMPHATIC or DISJUNCTIVE
je(j')	me(m')	me(m')	me(m')	moi
tu	te(t')	te(t')	te(t')	toi
il	le(l')	lui	se(s')	lui
elle	la(l')	lui	se(s')	elle
on			se(s')	
nous	nous	nous	nous	nous
vous	vous	vous	vous	vous
ils	les	leur	se(s')	eux
elles	les	leur	se(s')	elles

32. Remember IL ELLE ILS ELLES are used to refer to persons and things, according to gender.

33. ON *one, someone, they*:
ON sonne à la porte. Qui est-ce?
Note ON is often used instead of **NOUS** as the subject:
Où allez-vous, mes enfants? **ON** va à la pêche.

34. CE is often used instead of **IL ELLE ILS ELLES** with **ÊTRE** followed by a noun:
C'est mon père.   C'est une fille intelligent.
But   **IL** est intelligent.

35. Reflexive pronouns (**SE**, etc.) agree in person with the subject, even in the infinitive:
Jean-Paul va **SE** reposer.   Je vais **ME** reposer.

36. With all verb forms except the imperative affirmative, pronoun objects are placed immediately before the verb in the following order:

me				
te	le	lui		
se	la	leur	y	en
nous	les			
vous				

First and second person pronouns are placed before third person pronouns. Third person direct object pronouns are placed before third person indirect object pronouns.

37. In the perfect tense, the object pronoun is placed before the auxiliary verb:
J'ai perdu mon stylo. **L'**avez-vous vu?
Non, je **L'**ai cherché, mais je ne **L'**ai pas trouvé.
Note the position of the pronouns in negative and interrogative sentences.

38. Object pronouns used with an infinitive are usually placed immediately before the infinitive:
Jacques vient **NOUS** voir cet après-midi.
Tu as la lettre? Je vais **LA** mettre à la poste.

39. With the imperative affirmative, object pronouns follow the verb and are linked to it and each other by a hyphen. The direct object is placed before the indirect:
Suivez-**LE!**   Donne-**LE-MOI!**
MOI and **TOI** replace **ME** and **TE**, except with **Y** and **EN**.
J'aime la soupe. Donne-**M'EN**, s'il te plaît.
Note the order of object pronouns with the negative imperative as in paragraph 36.

40. Emphatic or disjunctive pronouns are used:
- with **C'EST** etc.:   Qui est-ce? C'est **MOI**.
- after a preposition: Vous êtes arrivés après **MOI**.
- for emphasis: **MOI**, je vais à la pêche.
- in comparisons: Pierre est plus jeune que **TOI**.

41. Y *(to) there* is used instead of **À** + noun to refer to a place:
Allez-vous quelquefois à Paris? Oui, nous **Y** allons souvent.

42. EN *some, of it, of them, any* is used instead of **DE** + noun. It must be used with expressions of quantity:
Vous avez des frères? Oui, j'**EN** ai deux.
Voulez-vous des pommes? Oui, donnez-m'**EN** trois kilos.
Note there is no agreement with **EN** in the perfect tense:
Tu as acheté des disques? Oui, j'**EN** ai acheté deux.

F. Relative pronouns

43. QUI is used as the subject (person or thing):
Je viens de voir l'homme **QUI** a volé ton vélo.
Brigitte a cassé toutes les assiettes **QUI** étaient sur la table.

44. QUE (QU') is used as the direct object (person or thing):
Je viens de perdre le stylo **QUE** maman m'a donné hier.
Est-ce que tu connais la dame **QUE** Marc a aidée?
Note the agreement of the past participle with **QUE**, which in this sentence refers to **LA DAME**, and is therefore feminine.

45. QUI is used for persons after a preposition:
Je ne vois pas le garçon **AVEC QUI** je suis venu.
Note LEQUEL, etc., is used for things after a preposition:
M. Lafayette cherche le ballon **AVEC LEQUEL** les garçons jouaient.

G. Interrogative words

46. Questions are formed by the use of an interrogative word or expression (**QUI, QUAND, POURQUOI,** etc.) and/or the use of inversion, of **EST-CE QUE** or of intonation only:
Je vais au cinéma. Tu viens?
or Est-ce que tu viens? *or* Viens-tu?
Combien de disques a-t-il? *or* Combien de disques est-ce qu'il a?

47. QUEL? etc. *what, which?* agrees in number and gender with the noun: **QUELLE** date sommes-nous?

8. **LEQUEL?** etc. *which?* agrees in number and gender. It is used when a choice is involved:
   LEQUEL de ces garçons est français?
   LAQUELLE des robes est-ce que tu préfères?

9. **QUI?** *who? whom?* refers to persons only; it may be used as subject or object, or with a preposition:
   QUI est là?   **QUI** voyez-vous?   Pour **QUI** sont ces cadeaux?

50. **QUE?** *what?* refers to things; it is used as the direct object:
    QUE vois-tu?

51. **QU'EST-CE QUI?** is used as the subject, referring to things:
    QU'EST-CE QUI se trouve dans cette boîte?

52. **QUI EST-CE QUI** may be used instead of **QUI** as the subject:
    QUI EST-CE QUI va arriver aujourd'hui?

53. **QU'EST-CE QUE** and **QUI EST-CE QUE** may replace **QUE** and **QUI** as the direct object:
    QUI EST-CE QUE tu as rencontré en ville?
    QU'EST-CE QUE tu vas faire ce matin?
    Note there is no inversion of subject and verb.

54. **EST-CE QUE** may be used with question words instead of inversion:
    Où peut-on acheter des bottes?
    or Où **EST-CE QU'** on peut acheter des bottes?
    Pourquoi rentres-tu si tard?
    or Pourquoi **EST-CE QUE** tu rentres si tard?

I. Negative expressions

55.

NE	PAS PLUS JAMAIS RIEN PERSONNE	*not* *no more,* *no longer* *never* *nothing* *nobody*	Je **N**'aime **PAS** les poires Jacques **NE** va **PLUS** au club Je **N**'ai **JAMAIS** lu ce livre Il **N**'y a **RIEN** dans le sac Claudette **N**'a vu **PERSONNE**

56. Note the word order in the perfect tense:

Je	N'	ai	PAS PLUS JAMAIS	joué au tennis
			RIEN	vu
			vu	PERSONNE

57. **RIEN** and **PERSONNE** may be used as the subject of a sentence:
    PERSONNE NE m'a aidé.   **RIEN N**'est arrivé hier.

58. **RIEN, PERSONNE, JAMAIS** may be used alone:
    Qui est là? **PERSONNE**.   Tu joues au rugby? **JAMAIS**.

59. In answer to a negative question, **SI** replaces **OUI**:
    Tu ne vas pas au club ce soir? Mais **SI**, j'y vais comme d'habitude.

The use of verbs

60. **The Present Tense** is used to describe:
    ● What is happening now:
    Jean-Paul **FAIT** ses devoirs et Claudette **REGARDE** la télévision.
    Jean-Paul **IS DOING** *his homework and Claudette* **IS WATCHING** *television.*

    ● What does happen sometimes (but not necessarily at this moment):
    Je **VAIS** à l'école cinq jours par semaine. *I* **GO** *to school five days a week.*

    ● A state of affairs which started in the past and will continue into the future:
    Marie-France **TRAVAILLE** à la banque. *Marie-France* **WORKS** *at the bank.*

61. **The Imperative Mood** is used for instructions and suggestions:
    OUVREZ la porte!   **OPEN** *the door!*
    ALLONS au café!   **LET'S GO** *to the café!*

62. **The Perfect Tense** is used to describe actions completed in the past:
    J'AI ACHETÉ un disque ce matin. Où sont mes lunettes? Je les **AI PERDUES**.
    Where are my glasses? **I'VE LOST** *them.*
    Note the agreement of the past participle with the preceding direct object.
    Hélène **EST ARRIVÉE** lundi.
    Hélène **ARRIVED** *on Monday.*
    Nous nous **SOMMES** bien **AMUSÉS** en vacances l'année dernière.
    We **HAD** *a good time on holiday last year.*
    Note in verbs conjugated with **ÊTRE** the past participle agrees with the subject.

63. **The Imperfect Tense** is used to describe:
    ● A past state of affairs:
    Il **FAISAIT** beau ce matin.
    It **WAS** *fine this morning.*
    ● What used to happen or sometimes happened:
    Quand j'**ÉTAIS** jeune, je **JOUAIS** souvent au football.
    When I **WAS** *young, I often* **USED TO PLAY** *football.*
    ● an action or state of affairs interrupted by another action:
    Je **PARLAIS** avec mes amis quand tu est arrivé.
    I **WAS TALKING** *to my friends when you arrived.*

64. **The Future Tense** is used to describe what will happen or will be going on:
    L'année prochaine **J'IRAI** à Paris.
    Next year **I SHALL GO** *to Paris.*
    Je **TRAVAILLERAI** à la banque.
    I **SHALL BE WORKING** *at the bank.*
    The Future Tense must be used with **QUAND** when referring to future events:
    Quand je **SERAI** en vacances, je **PASSERAI** toute la journée à la plage.
    When I **AM** *on holiday, I* **SHALL SPEND** *all day on the beach.*
    But the present tense is used with **SI**:
    Si tu **VIENS**, je te **PRÊTERAI** le disque.
    If you **COME, I SHALL** *lend you the record.*

J. Some common verb constructions

65. **ALLER** in the present tense, followed by an infinitive, is used of actions which are about to take place or which are going to take place soon:
    Je **VAIS** acheter un livre ce matin.
    I **AM GOING** *to buy a book this morning.*
    On **VA** jouer au volley-ball demain.
    We **ARE GOING TO** *play volleyball tomorrow.*
    This expression may also be used in the imperfect:
    Jean-Paul **ALLAIT** faire ses devoirs dimanche matin.
    Jean-Paul **WAS GOING TO** *do his homework on Sunday morning.*

133

66. **VENIR DE** in the present or imperfect tense, followed by an infinitive, is used of actions which have just been completed:
Mes amis **VIENNENT D'**arriver. My friends **HAVE JUST** arrived.
Claudette **VENAIT DE** faire la vaisselle.
Claudette **HAD JUST** done the washing-up.

67. **DEPUIS** is used with the present or imperfect tense for actions which started in the past and continue until the present time (or time of speaking):
Je suis ici **DEPUIS** trois heures.
I HAVE BEEN here for three hours (and still am).
M. Marsaud travaillait à la Poste **DEPUIS** dix ans.
M. Marsaud **HAD BEEN WORKING** at the Post Office for ten years.

68. **IL Y A** is used with the sense of *ago*:
Henri est arrivé **IL Y A** dix minutes. Henri arrived ten minutes **AGO**.

69. Verbs which take the infinitive as direct object, without a preposition:

AIMER	POUVOIR
ALLER	PRÉFÉRER
DEVOIR	SAVOIR
ENVOYER	VOULOIR
IL FAUT	

Jean-Paul **AIME JOUER** au football. Jean-Paul **LIKES PLAYING** football.
Michel **VEUT ALLER** au cinéma. Michel **WANTS TO GO** to the cinema.

70. Verbs which take **À** before an infinitive.

S'AMUSER	CONTINUER (also used with **DE**)
APPRENDRE	SE METTRE
CHERCHER	RÉUSSIR
COMMENCER	

Marie-France **APPREND À CONDUIRE** une voiture.
Marie-France **IS LEARNING TO DRIVE** a car.

71. Verbs which take **DE** before an infinitive.

DÉCIDER	FINIR
SE DÉPÊCHER	OUBLIER
ESSAYER	

J'ai **OUBLIÉ D'ACHETER** du pain.
I have **FORGOTTEN TO BUY** any bread.

72. Verbs which take a direct object in French, but not in English.

ATTENDRE	HABITER (also used with **À**)
CHERCHER	PAYER
DEMANDER	REGARDER
ÉCOUTER	

Nous **ATTENDIONS HENRI** depuis une heure.
We **HAD BEEN WAITING FOR HENRI** for an hour.
J'ai **PAYÉ LES BILLETS**. I've **PAID FOR THE TICKETS**.

73. Verbs of giving and taking with two objects.

ACHETER	ENLEVER
CACHER	OFFRIR
DEMANDER	PRENDRE
DONNER	PRÊTER
EMPRUNTER	VOLER

Les garçons ont **CACHÉ LE DISQUE À GABY**.
The boys **HID THE RECORD FROM GABY**.
Claudette va **PRÊTER SON VÉLO À MONIQUE**.
Claudette is going to **LEND HER BIKE TO MONIQUE**.

74. Verbs which take an indirect object and **DE** + infinitive:

COMMANDER	DIRE
CONSEILLER	PERMETTRE
DÉFENDRE	PROMETTRE
DEMANDER	PROPOSER

M. Lafayette a **DEMANDÉ AUX ENFANTS DE** l'aider.
M. Lafayette **ASKED THE CHILDREN TO** help him.

75. Verbs which take a direct object and **À** + infinitive:

| AIDER | ENCOURAGER | INVITER |

M. Marsaud a **INVITÉ SES AMIS À** prendre un verre de vin.
M. Marsaud **INVITED HIS FRIENDS TO** take a glass of wine.

76. Expressions with **AVOIR**:

| avoir | chaud
froid
faim
soif | to be (feel) | warm
cold
hungry
thirsty |
| avoir | l'air...
x ans
besoin de | to look...
to be x years old
to need | Bruno **a l'air** intelligent |

77. Expressions with **FAIRE**:

(a) Weather

| Il fait | chaud
beau
du soleil
froid
mauvais
du vent
du brouillard | it is | warm
fine
sunny
cold
bad weather
windy
foggy |

(b)

faire	les achats la lessive la cuisine la vaisselle	to do	the shopping the washing the cooking the washing-up
	du camping	to go	camping
	une promenade (à pied) en vélo en voiture à cheval	to go	for a walk for a cycle ride for a car trip riding

Verb Tables

A. Regular -ER verbs

DONNER	*to give*			
	PRESENT	IMPERFECT	FUTURE	PERFECT
je	donn **e**	donn **ais**	donner **ai**	j'ai **donné**
tu	**es**	**ais**	**as**	tu as
il	**e**	**ait**	**a**	il a
elle	**e**	**ait**	**a**	elle a
nous	**ons**	**ions**	**ons**	nous avons
vous	**ez**	**iez**	**ez**	vous avez
ils	**ent**	**aient**	**ont**	ils ont
elles	**ent**	**aient**	**ont**	elles ont
IMPERATIVE	donne	donnons	donnez	

B. Regular -IR verbs

FINIR	*to finish*			
	PRESENT	IMPERFECT	FUTURE	PERFECT
je	fin **is**	finiss **ais**	finir **ai**	j'ai **fini**
tu	**is**	**ais**	**as**	tu as
il	**it**	**ait**	**a**	il a
elle	**it**	**ait**	**a**	elle a
nous	**issons**	**ions**	**ons**	nous avons
vous	**issez**	**iez**	**ez**	vous avez
ils	**issent**	**aient**	**ont**	ils ont
elles	**issent**	**aient**	**ont**	elles ont
IMPERATIVE	finis	finissons	finissez	

C. Regular -RE verbs

VENDRE	*to sell*			
	PRESENT	IMPERFECT	FUTURE	PERFECT
je	vend **s**	vend **ais**	vendr **ai**	j'ai **vendu**
tu	**s**	**ais**	**as**	tu as
il		**ait**	**a**	il a
elle		**ait**	**a**	elle a
nous	**ons**	**ions**	**ons**	nous avons
vous	**ez**	**iez**	**ez**	vous avez
ils	**ent**	**aient**	**ont**	ils ont
elles	**ent**	**aient**	**ont**	elles ont
IMPERATIVE	vends	vendons	vendez	

D. Verbs of motion conjugated with ÊTRE in the perfect tense

ALLER		*to go*	OTHER VERBS		
je	suis	**allé(e)**	ARRIVER	*to arrive*	**arrivé**
tu	es	**allé(e)**	(RE)DESCENDRE	*to descend, go/come down*	**descendu**
il	est	**allé**	(R)ENTRER	*to enter, go in*	**entré**
elle	est	**allée**	(RE)MONTER	*to go/come up*	**monté**
nous sommes		**allé(e)s**	(RE)PARTIR	*to leave, depart*	**parti**
vous êtes		**allé(e)(s)**	RESTER	*to stay, remain*	**resté**
ils	sont	**allés**	RETOURNER	*to return*	**retourné**
elles	sont	**allées**	(RES)SORTIR	*to go/come out*	**sorti**
			(RE)TOMBER	*to fall*	**tombé**
			(RE)VENIR	*to come*	**venu**

Note These verbs are conjugated with **AVOIR** when they have a direct object and the sense of carrying something:
DESCENDRE   MONTER   RENTRER   SORTIR
J'ai **DESCENDU** les bagages.
I've brought down the luggage.

E. Reflexive verbs

SE LAVER	*to wash (oneself)*		
	PRESENT	IMPERFECT	FUTURE
je me	lav **e**	lav **ais**	laver **ai**
tu te	**es**	**ais**	**as**
il se	**e**	**ait**	**a**
elle se	**e**	**ait**	**a**
nous nous	**ons**	**ions**	**ons**
vous vous	**ez**	**iez**	**ez**
ils se	**ent**	**aient**	**ont**
elles se	**ent**	**aient**	**ont**

PERFECT			
je me	suis	**lavé**	(e)
tu t'	es		(e)
il s'	est		
elle s'	est		e
nous nous	sommes		(e)s
vous vous	êtes		(e)(s)
ils se	sont		s
elles se	sont		es

IMPERATIVE	lave-toi lavons-nous lavez-vous.
NEGATIVE	je ne me lave pas *etc.* Je ne me suis pas lavé *etc.*

Note There is no agreement with the reflexive pronoun when the verb has another direct object:

elle s'est	**LAVÉ**	les mains.
	BROSSÉ	les dents.
	CASSÉ	le bras.

135

F. -ER verbs with stem changes

1.

ACHETER *to buy* requires **È** in the stem when the following syllable contains **E** mute:

	PRESENT	IMPERFECT	FUTURE	PERFECT
j'	ach**è**te	achetais	ach**è**terai	ai acheté etc.
tu	ach**è**tes	achetais	ach**è**teras	
il	ach**è**te	achetait	ach**è**tera	
nous	achetons	achetions	ach**è**terons	
vous	achetez	achetiez	ach**è**terez	
ils	ach**è**tent	achetaient	ach**è**terons	

like **ACHETER**: (SE) LEVER ENLEVER MENER (SE) PROMENER GELER

2.

APPELER *to call* requires **LL** when the following syllable contains **E** mute:

	PRESENT	IMPERFECT	FUTURE	PERFECT
j'	appe**ll**e	appelais	appe**ll**erai	ai appelé etc.
tu	appe**ll**es	appelais	appe**ll**eras	
il	appe**ll**e	appelait	appe**ll**era	
nous	appelons	appelions	appe**ll**erons	
vous	appelez	appeliez	appe**ll**erez	
ils	appe**ll**ent	appelaient	appe**ll**eront	

like **APPELER**: RAPPELER S'APPELER

3.

RÉPÉTER *to repeat* requires **È** before mute endings in the present tense.

	PRESENT	IMPERFECT	FUTURE	PERFECT
je	rép**è**te	répétais	répéterai	ai répété etc.
tu	rép**è**tes	répétais	répéteras	
il	rép**è**te	répétait	répétera	
nous	répétons	répétions	répéterons	
vous	répétez	répétiez	répéterez	
ils	rép**è**tent	répétaient	répéteront	

like **RÉPÉTER**: HÉLER S'INQUIÉTER PRÉFÉRER

4.

NETTOYER *to clean* requires **I** instead of **Y** when the following syllable contains **E** Mute.

	PRESENT	IMPERFECT	FUTURE	PERFECT
je	netto**i**e	nettoyais	netto**i**erai	j'ai nettoyé etc.
tu	netto**i**es	nettoyais	netto**i**eras	
il	netto**i**e	nettoyait	netto**i**era	
nous	nettoyons	nettoyions	netto**i**erons	
vous	nettoyez	nettoyiez	netto**i**erez	
ils	netto**i**ent	nettoyaient	netto**i**eront	

like **NETTOYER**: APPUYER EMPLOYER
ENVOYER (like **voir** in the future tense: **j'enverrai**)
ESSAYER PAYER (change optional: je paie or je paye)

5.

MANGER *to eat* requires **GE** before **O** or **A**:

	PRESENT	IMPERFECT	FUTURE	PERFECT
je	mange	mang**e**ais	mangerai	j'ai mangé etc.
tu	manges	mang**e**ais	mangeras	
il	mange	mang**e**ait	mangera	
nous	mang**e**ons	mangions	mangerons	
vous	mangez	mangiez	mangerez	
ils	mangent	mang**e**aient	mangeront	

like **MANGER**: CHANGER DÉRANGER DIRIGER GAGER NAGER RANGER

6.

COMMENCER *to begin* requires **Ç** before **O** or **A**:

	PRESENT	IMPERFECT	FUTURE	PERFECT
je	commence	commen**ç**ais	commencerai	j'ai commen etc.
tu	commences	commen**ç**ais	commenceras	
il	commence	commen**ç**ait	commencera	
nous	commen**ç**ons	commencions	commencerons	
vous	commencez	commenciez	commencerez	
ils	commencent	commen**ç**aient	commenceront	

like **COMMENCER**: AVANCER LANCER REMPLACER

G. Common irregular verbs

INFINITIVE IMPERATIVE	PRESENT	(a) IMPERFECT (b) FUTURE (c) PERFECT
ALLER *to go* **va** (va-t'en, **vas-y**) allons allez	je **vais** tu **vas** il **va** nous allons vous allez ils **vont**	(a) j'allais (b) j'**irai** (c) je suis allé(e)
S'ASSEOIR *to sit down* assieds-toi asseyons-nous asseyez-vous	je m'**assieds** tu t'**assieds** il s'**assied** nous nous **asseyons** vous vous **asseyez** ils s'**asseyent**	(a) je m'asseyais (b) je m'**assiérai** (c) je me suis **assis(e)**
AVOIR *to have* **aie** **ayons** **ayez**	j' **ai** tu **as** il **a** nous avons vous avez ils **ont**	(a) j'avais (b) j'**aurai** (c) j'ai **eu**
BOIRE *to drink* bois buvons buvez	je **bois** tu **bois** il **boit** nous **buvons** vous **buvez** ils **boivent**	(a) je buvais (b) je boirai (c) j'ai **bu**
CONDUIRE *to drive, to lead* conduis conduisons conduisez	je conduis tu conduis il **conduit** nous **conduisons** vous **conduisez** ils **conduisent**	(a) je conduisais (b) je conduirai (c) j'ai **conduit**
CONNAÎTRE *to know, be acquainted with* connais connaissons connaissez	je **connais** tu **connais** il connaît nous **connaissons** vous **connaissez** ils **connaissent**	(a) je connaissais (b) je connaîtrai (c) j'ai **connu**
CROIRE *to believe, think* crois croyons croyez	je crois tu crois il **croit** nous **croyons** vous **croyez** ils croient	(a) je croyais (b) je croirai (c) j'ai **cru**

INFINITIVE IMPERATIVE	PRESENT	(a) IMPERFECT (b) FUTURE (c) PERFECT
DEVOIR *to have to (must), owe* dois devons devez	je **dois** tu **dois** il **doit** nous **devons** vous **devez** ils **doivent**	(a) je devais (b) je **devrai** (c) j'ai **dû**
DIRE *to say, tell* dis disons dites	je dis tu dis il **dit** nous **disons** vous **dites** ils **disent**	(a) je disais (b) je dirai (c) j'ai **dit**
DORMIR *to sleep* dors dormons dormez	je **dors** tu **dors** il **dort** nous **dormons** vous **dormez** ils **dorment**	(a) je dormais (b) je dormirai (c) j'ai dormi
ÉCRIRE *to write* écris écrivons écrivez	j' écris tu écris il **écrit** nous **écrivons** vous **écrivez** ils **écrivent**	(a) j'écrivais (b) j'écrirai (c) j'ai **écrit**
ÊTRE *to be* **sois** **soyons** **soyez**	je **suis** tu **es** il **est** nous **sommes** vous **êtes** ils **sont**	(a) j'**étais** (b) je **serai** (c) j'ai **été**
FAIRE *to do, make* fais faisons faites	je fais tu fais il **fait** nous **faisons** vous **faites** ils **font**	(a) je faisais (b) je **ferai** (c) j'ai **fait**
LIRE *to read* lis lisons lisez	je lis tu lis il **lit** nous **lisons** vous **lisez** ils **lisent**	(a) je lisais (b) je lirai (c) j'ai **lu**

INFINITIVE IMPERATIVE	PRESENT	(a) IMPERFECT (b) FUTURE (c) PERFECT
METTRE *to put, put on* mets mettons mettez	je **mets** tu **mets** il **met** nous mettons vous mettez ils **mettent**	(a) je mettais (b) je mettrai (c) j'ai **mis**
OUVRIR *to open* ouvre ouvrons ouvrez	j' **ouvre** tu **ouvres** il **ouvre** nous **ouvrons** vous **ouvrez** ils **ouvrent**	(a) j'ouvrais (b) j'ouvrirai (c) j'ai **ouvert**
PARTIR *to leave, depart* pars partons partez	je **pars** tu **pars** il **part** nous **partons** vous **partez** ils **partent**	(a) je partais (b) je partirai (c) je suis parti(e)
POUVOIR *to be able* (can)	je **peux** (N.B. **puis-je?**) tu **peux** il **peut** nous pouvons vous pouvez ils **peuvent**	(a) je pouvais (b) je **pourrai** (c) j'ai **pu**
PRENDRE *to take* prends prenons prenez	je prends tu prends il prend nous **prenons** vous **prenez** ils **prennent**	(a) je prenais (b) je prendrai (c) j'ai **pris**
RECEVOIR *to receive* reçois recevons recevez	je **reçois** tu **reçois** il **reçoit** nous recevons vous recevez ils **reçoivent**	(a) je recevais (b) je **recevrai** (c) j'ai **reçu**
RIRE *to laugh* ris rions riez	je ris tu ris il **rit** nous rions vous riez ils rient	(a) je riais (N.B. **riions, riiez**) (b) je rirai (c) j'ai **ri**

INFINITIVE IMPERATIVE	PRESENT	(a) IMPERFECT (b) FUTURE (c) PERFECT
SAVOIR *to know* **sache** **sachons** **sachez**	je **sais** tu **sais** il **sait** nous savons vous savez ils savent	(a) je savais (b) je **saurai** (c) j'ai **su**
SORTIR *to go out* sors sortons sortez	je **sors** tu **sors** il **sort** nous **sortons** vous **sortez** ils **sortent**	(a) je sortais (b) je sortirai (c) je suis sorti(e)
VENIR *to come* viens venons venez	je **viens** tu **viens** il **vient** nous **venons** vous **venez** ils **viennent**	(a) je venais (b) je **viendrai** (c) je suis **venu**(e)
VOIR *to see* vois voyons voyez	je **vois** tu **vois** il **voit** nous **voyons** vous **voyez** ils **voient**	(a) je voyais (b) je **verrai** (c) j'ai **vu**
VOULOIR *to wish, want* **veuille** **veuillons** **veuillez**	je **veux** tu **veux** il **veut** nous voulons vous voulez ils **veulent**	(a) je voulais (b) je **voudrai** (c) j'ai **voulu**

Vocabulaire a–c

à, to, at
d'abord, first, at first
un accident, accident
accompagner, to go with
d'accord, I agree, all right, etc.
   être —, to be in agreement
un accordéon, accordion
achats, faire des —, to do some shopping
acheter, to buy
une adresse, address
les affaires, *f pl*, things
l'âge, *m*, age
âgé(e), aged
un agenda, diary
un agent, policeman
agréable, pleasant
aider, to help
l'ail, *m*, garlic
une aile, wing
ailleurs, elsewhere
   d'—, moreover
aimable, kind, nice
aimer, to like, to love
l'air, *m*, air
   en plein —, in the open air
   avoir l'—, to seem
ajouter, to add
un album, album
une allée, lane; avenue
l'Allemagne, *f*, Germany
aller, to go
   — chercher, to fetch, to go and meet, to go and find
   — mieux, to be better
   — à la pêche, to go fishing
   s'en —, to go off, away
   il te va très bien, it suits you
allumer, to switch on; to light
une allumette, match
alors, then
américain(e), American
l'Amérique, *f*, America
un(e) ami(e), friend
s'amuser, to enjoy oneself
un an, year
anglais(e), English
l'Angleterre, *f*, England
une année, year
un anniversaire, birthday
août, August
un apéritif, aperitif
un appareil (-photo), camera
   — ménager, household appliance
un appartement, flat
appeler, to call
   s'—, to be called
apporter, to bring
apprendre, to learn
s'approcher de, to approach
appuyer, to press
après, after
après-demain, the day after tomorrow
l'après-midi, *m*, afternoon
un arbre, tree
l'argent, *m*, money, silver
une armoire, cupboard

(s')arrêter, to stop, to arrest
l'arrêt (d'autobus), *m*, bus-stop
j'arrive, I'm coming
l'arrivée, *f*, arrival
arriver, to arrive, to happen
les articles de sport, *m pl*, sports goods
un aspirateur, vacuum cleaner
s'asseoir, to sit down
assez, fairly, quite
   — de, enough
une assiette, plate
assis(e), être —, to be sitting
   être — dessus, to be sitting on
assurer, to assure
attaquer, to attack
attendre, to wait (for)
attention! look out!
   faire —, to be careful
attraper, to catch
au revoir, goodbye
une auberge de jeunesse, youth hostel
aujourd'hui, today
auparavant, previously
aussi, too, also
aussitôt, at once
un autobus, bus
   en —, by bus
autour de, around
autre, other
   — chose, something else
avancer, to put forward
avant, before (of time)
avant-hier, the day before yesterday
avec, with
un avion, plane
   par —, by air-mail
avoir, to have
   — l'air, to seem
   — besoin de, to need
   — chaud, to be warm, hot
   — faim, to be hungry
   — froid, to be cold
   — l'habitude de, to be in the habit of, to be used to
   — lieu, to take place
   — mal à la tête, to have a headache
   — raison, to be right
   — soif, to be thirsty
avril, April

les bagages, *m pl*, luggage
se baigner, to bathe
bains, la salle de —, bathroom
le ballon, ball
la banane, banana
la banque, bank
les bas, *m pl*, stockings
bas; basse, low
la bataille, battle
le bateau, boat
   faire une promenade en —, to take a boat trip
le bâton, truncheon, stick
batterie, jouer de la —, to play the drums

(se) battre, to fight, to hit, to beat
beau; belle, beautiful, fine
   il fait beau, the weather is fine
beaucoup, very much
   — de, many, a lot of
la Belgique, Belgium
besoin, avoir — de, to need
bête, silly
   faire le —, to be silly
la bêtise, careless mistake
le beurre, butter
la bibliothèque, library
bien, well
   — entendu, of course
   — sûr, of course
bientôt, soon
la bière, beer
le billet, ticket, note
les biscuits, *m pl*, biscuits
blanc; blanche, white
blessé(e), injured
bleu(e), blue
le blouson, windcheater
le boeuf, ox
boire, to drink
le bois, wood
la boisson, drink
la boîte, box, tin
le bol, bowl
bon; bonne, good
les bonbons, *m pl*, sweets
bonjour, good morning, good day
bonne nuit, goodnight
bonsoir, good evening
au bord de la mer, at the seaside
la botte, boot
boueux; boueuse, muddy
bouger, to move
le boulanger, baker
la boule de neige, snowball
les boules, *f pl*, bowls
le bouquiniste, book dealer
la bouteille, bottle
le bras, arm
la Bretagne, Brittany
bricoler, to potter
briller, to shine
le briquet, cigarette lighter
la brosse à dents, toothbrush
se brosser les dents, to brush one's teeth
le brouillard, fog
le bruit, noise
brun(e), brown
le buffet, sideboard
le bureau, office, desk
   le — des objets trouvés, lost property office

une cabine, booth
(se) cacher, to hide
le cadeau (*pl* cadeaux), present
le café, coffee, café
   le — -crème, white coffee
le cahier, exercise book
cahoter, to jolt
la caisse, cash desk
   la — d'épargne, savings bank

c–d

le cambrioleur, burglar
le camion, lorry
    en —, by lorry
la campagne, country(side)
    à la —, in the country
le camping, camping, campsite
    faire du —, to go camping
la canne, cane
    la — à pêche, fishing rod
car, for, because
la caravane, caravan
le carnet, notebook
    le — de tickets, book of tickets
la carotte, carrot
la carte, map
    la — postale, postcard
    jouer aux cartes, to play cards
cassé(e), broken
casser, to break
    se — le bras, to break one's arm
la casserole, saucepan
à cause de, because of
célèbre, famous
cent, one hundred
une centaine de, a hundred
un centimètre, centimetre
le centre, centre
cependant, however
certainement, certainly
c'est ça, that's it, that's right
chacun(e), each one
la chaise, chair
la chambre, room, bedroom
le champ, field
la chance, luck
le chandail, sweater
chanter, to sing
le chapeau (*pl* **chapeaux**)**,** hat
le chapon, capon, chicken
chaque, each, every
la chasse, hunt
chasser, to chase
le chasseur, hunter
le château (*pl* **châteaux**)**,** castle
chaud(e), warm, hot
    il fait —, the weather is warm
    avoir —, to be warm, hot
le chauffeur, driver
la chaussette, sock
la chaussure, shoe
le chef de cuisine, chef
le chemin, road
la chemise, shirt
le chèque, cheque
    toucher un —, to cash a cheque
cher; chère, dear
chercher, to look for;
    aller —, to fetch, to go and meet, to go and find
chéri(e), my dear
le cheval (*pl* **chevaux**)**,** horse
    à —, on horseback
chez, at, to the house of, etc.
chic, smart
chinois(e), Chinese
les chips, *pl,* potato crisps
le chocolat, chocolate
choisir, to choose

le choix, choice
la chose, thing
    autre —, something else
la cigarette, cigarette
le cinéma, cinema
cinq, five
cinquante, fifty
la circulation, traffic
cirer, to polish
clair(e), light
la classe, class
    la salle de —, classroom
la clef, key
le client, customer
le code de la route, highway code
le coiffeur, la coiffeuse, hairdresser
le coin, corner
en colère, angry, cross
la colonie de vacances, holiday camp
combien de . . . ? how much . . . ? how many . . . ?
c'est combien? how much is it?
commander, to order
comme, as, like
    — toujours, as usual
commencer (à), to begin (to)
comment? how?
commissions, faire des —, to run errands
complet; complète, full
le complet, suit
comprendre, to understand
compter, to count
le comptoir, counter
conduire, to drive
la confiserie, confectioner's shop
confortablement, comfortably
congé, un jour de —, a day off
connaissance, faire la — de, to meet
connaître, to know (people)
    se —, to know each other
le conseil, advice
conseiller, to advise
content(e), happy
continuer, to continue
le copain, friend
un(e) correspondant(e), pen-friend
    à côté de, next to, beside
    de l'autre —, on the other side
le coton, cotton
le cou, neck
se coucher, to go to bed
le coup, bang, knock
    un — de bâton, blow (with a stick);
    donner un — de klaxon, to sound the horn
couper, to cut
le coureur, runner, rider
les cours, *m pl,* lessons
    suivre un —, to follow a course
la course, race
court(e), short
un(e) cousin(e), cousin
le coussin, cushion
le couteau, (*pl* **couteaux**), knife

coûter, to cost
couvert(e) de, covered with
couvrir, to cover
la cravate, tie
le crayon, pencil
crier, to shout, to cry
croire, to think, to believe
la cuiller, spoon
la cuisine, kitchen
    faire la —, to do the cooking;
    le livre de —, cookery book
la cuisinière, cooker
le cyclisme, cycling

d'abord, first, at first
dangereux; dangereuse, dangerous
dans, in
danser, to dance
de, of, from
le début, beginning
décider de, to decide to
décorer, to decorate
décrire, to describe
dedans, inside
défendu(e), forbidden
défense de stationner, no parking
dehors, outside
déjà, already
déjeuner, to have lunch
le déjeuner, lunch
    le petit —, breakfast
demain, tomorrow
demander, to ask, to ask for
démarrer, to start (car, etc.)
la demie, half
un demi-kilo, half a kilo
une demi-heure, half an hour
la dent, tooth
    se brosser les —s, to brush one's teeth
le départ, departure
se dépêcher, to hurry
depuis, for, since
déranger, to disturb
dernier; dernière, last, latest
derrière, behind
descendre, to come down, to go down, to get out (of train, etc.), to take down;
    — à l'hôtel, to stay at hotels
désirer, to want
le dessert, dessert, sweet
le dessin, drawing
dessiner, to draw
dessus, être assis —, to be sitting on (it)
    monter —, to get on
détester, to detest
deux, two
    tous (toutes) les —, both
devant, in front of
devoir, to have to (must)
les devoirs, *m pl,* homework
difficile, difficult
dimanche, Sunday
le dindon, turkey
dîner, to have dinner, to dine
le dîner, dinner

d–g

dire, to say, to tell
    c'est à —, that is to say
le directeur, manager, leader
diriger, to direct
le disque, record
distrait(e), absent-minded
le divertissement, amusement
dix, ten
dodu(e), plump
dommage, c'est —, it's a pity
donc, then, therefore
donner, to give
    — à manger à, to feed
    — un coup de klaxon, to sound the horn
doré(e), golden
dormir, to sleep
doubler, to overtake
doucement, quietly
doute, sans —, no doubt
douze, twelve
une douzaine (de), a dozen
le drap, sheet
dresser, to put up, to make out
droit, tout —, straight (on)
à droite, on the right
drôle, funny
dur(e), hard

l'eau, *f*, water
s'échapper, to escape
une école, school
écouter, to listen (to)
écrasé(e), crashed; crushed
écrire, to write
en effet, in fact
égal, ça m'est —, I don't mind
une église, church
un électrophone, record player
élégant(e), elegant
un(e) élève, pupil
embêtant(e), annoying
un employé, worker, official
employer, to use
empoisonner, to poison
emprunter, to borrow
enchanté(e), delighted
encore, still, again
un endroit, place
un enfant, child
enfin, finally, at last
enfourcher, to sit astride
enlever, to take off
énorme, huge
enrhumé(e), être —, to have a cold
ensemble, together
entendre, to hear
    — parler de, to hear about
s'entraîner, to practise, to train
entre, between
une entrée, entrance
entrer (dans), to enter, to go in (to), to come in (to)
s'envoler, to fly away
envoyer, to send
une épicerie, grocer's shop
un épicier, grocer

une erreur, mistake
l'Espagne, *f*, Spain
espagnol(e), Spanish
essayer de, to try to
l'essence, *f*, petrol
    faire le plein d'—, to fill up with petrol
l'est, *m*, east
l'estomac, *m*, stomach
un étalage, stall
l'été, *m*, summer
    en —, in summer
étranger; étrangère, foreign
    à l'—, abroad
être, to be
    — assis, to be sitting
    — d'accord, to be in agreement
    — en panne, to be broken (down)
    — enrhumé(e), to have a cold
    — en train de, to be (busy) doing
étroit(e), narrow
un(e) étudiant(e), student
pas exactement, not exactly
un examen, examination
    passer un —, to sit an examination
je m'excuse, I'm sorry, I beg your pardon
excusez-moi, excuse me
par exemple, for example
une explication, explanation
(s')expliquer, to explain (oneself)
extraordinaire, unusual

la fabrique, factory
en face (de), opposite
fâché(e), annoyed
se fâcher, to become annoyed
facile, easy
le facteur, postman
faim, avoir —, to be hungry
faire, to do, to make
    — des achats, to do some shopping
    — attention, to be careful
    — le bête, to be silly
    — du camping, to go camping
    — des commissions, to run errands
    — la connaissance de, to meet
    — la cuisine, to do the cooking
    — la lessive, to do the washing
    — le ménage, to do the housework
    — le plein d'essence, to fill up with petrol
    — une promenade, to go for a walk
    — une promenade en voiture, to go for a drive
    — une promenade en vélo, to go for a cycle ride
    — une promenade en bateau, to take a boat trip
    — du ski, to ski
    — la vaisselle, to do the washing up

il fait beau, it [the weather] is fine
    — — chaud, it is warm, hot
    — — du soleil, it is sunny
    — — froid, it is cold
la famille, family
la farce, practical joke
la farine, flour
fatigué(e), tired
il faut, it is necessary (to)
la faute, fault
le fauteuil, armchair
la femme, woman, wife
    la — de ménage, cleaning woman
la fenêtre, window
la ferme, farm
fermer, to close, to shut
le fermier, farmer
fête, le jour de —, saint's day
février, February
les feux, *m pl*, traffic lights
la figure, face
la fille, girl, daughter
la fillette, girl
le fils, son
la fin, end
finir, to finish
la fleur, flower
le fleuve, river
la foire, fair
une fois (de plus), once (more)
    mille —, a thousand times
    deux —, twice
formidable, fine, magnificent
fort(e), strong
la foule, crowd
la fourchette, fork
le foyer, hostel
un(e) Français(e), Frenchman (woman)
français(e), French
frapper, to hit
le frein, brake
le frère, brother
le frigo, refrigerator
le fripon, rascal
les frites, *f pl*, chips
froid(e), cold
    il fait —, it (the weather) is cold
    avoir —, to be cold
le fromage, cheese
les fruits, *m pl*, fruit
    le jus de —, fruit juice
fumer, to smoke

gager, to bet
gagner, to win, to earn
le gant, glove
le garçon, boy, waiter
la garde, guard
    prendre —, to take care
garder, to guard
la gare, station
le gâteau (*pl* **gâteaux**), cake
à gauche, on the left
il gèle, it is freezing, it freezes
gelé(e), frozen
la gendarmerie, headquarters (of gendarmes)

les gens, *m pl*, people
gentil(le), kind
glacé(e), iced, frozen
la glace, ice-cream, ice
glisser, to slip
goûter, to taste
   le —, tea
grâce à, thanks to
grand(e), big, great
la grand-mère, grandmother
le grand-père, grandfather
les grands-parents, *m pl*, grandparents
la grange, barn
la Grèce, Greece
gris(e), grey
gros(se), big
le groupe, group
la guitare, guitar

s'habiller, to dress
un habitant, inhabitant
habiter, to live (in)
d'habitude, usually
   avoir l'— de, to be in the habit of (used to)
haut les mains! hands up!
héler, to hail, to call
l'herbe, *f*, grass
l'heure, *f*, time, hour
   à l'—, on time
   l'— du déjeuner, lunch-time
   de bonne —, early
   un quart d'—, a quarter of an hour
   une demi-heure, half an hour
   quelle — est-il? what time is it?
heurter, to bump into
hier, yesterday
   avant-hier, the day before yesterday
une histoire, story
l'hiver, *m*, winter
   en —, in winter
un homme, man
horizontalement, horizontally
un hôtel, hotel
   descendre à l'—, to stay at hotels
l'huile, *f*, oil
huit, eight

ici, here
une idée, idea
un(e) idiot(e), idiot
il y a, ago; there is, there are
il y en a, there is some, there are some
il y aura, there will be
il y avait, there was, there were
une image, picture
avec impatience, impatiently
un imperméable, raincoat
important(e), important
un imprimeur, printer
indiquer, to point (out)
un ingénieur, engineer
inquiet; inquiète, anxious

s'inquiéter, to worry
s'inscrire, to enrol
installer, to fix (up)
   s'—, to pitch camp, to settle in
un instant, moment
insupportable, horrid, trying
intelligent(e), intelligent
intéressant(e), interesting
inviter, to invite
l'Italie, *f*, Italy
italien(ne), Italian
un itinéraire, route

jamais, ever; never
   ne ... jamais, never
la jambe, leg
janvier, January
le jardin, garden
   le — public, park
jaune, yellow
le jeu (*pl* **jeux**), game
jeudi, Thursday
jeune, young
   la — fille, girl, young lady
jeunesse, une auberge de —, youth hostel
jouer, to play
le jour, day
   un — de congé, a day off
   — de marche, market day
le journal (*pl* **journaux**), newspaper
la journée, day
juillet, July
juin, June
la jupe, skirt
le jus de fruits, fruit juice
jusqu'à, until, as far as
juste, just

le kilo(gramme), kilogramme
le kilomètre, kilometre
le kiosque à journaux, newspaper stall
klaxon, donner un coup de —, to sound the horn

là, there
là-bas, over there
là-dedans, inside
là-dessus, thereupon
le lac, lake
laisser, to leave; to let, to allow
   — tomber, to drop
le lait, milk
la lampe, light
lancer, to throw
le lave-vaisselle, dish-washing machine
(se) laver, to wash
la laverie automatique, launderette
la leçon, lesson
léger; légère, light
les légumes, *m pl*, vegetables
le lendemain, the next day
   le — matin, the next morning
lentement, slowly
lessive, faire la —, to do the washing

la lettre, letter
lever, to lift, to raise
se lever, to get up; to stand up
libre, free, vacant
lieu, avoir —, to take place
la ligne, line
la limonade, lemonade
lire, to read
la liste, list
le lit, bed
   rester au —, to stay in bed
un litre, one litre
le livre, book
   le — de cuisine, cookery book
la livre, pound (500 grammes)
livrer, to deliver
loin (de), a long way (from)
Londres, London
long(ue), long
   le — de, along
longtemps, a long time
louer, to hire
   à —, 'to let'
lourd(e), heavy
lundi, Monday
les lunettes, *f pl*, glasses

la machine à laver, washing machine
mademoiselle (*pl* **mesdemoiselles**), miss
le magasin, shop
magnifique, magnificent
mai, May
le maillot de bain, swimming costume
la main, hand
maintenant, now
mais, but
   — oui, yes, of course
la maison, house
   à la —, (at) home
mal, badly
   se sentir —, to feel ill
   avoir — à la tête, to have a headache
malade, ill
maman, mum, mummy
la manche, sleeve
le manège, roundabout
manger, to eat
   donner à — à, to feed
   la salle à —, dining room
manquer, to miss
le manteau (*pl* **manteaux**), lady's overcoat
le marchand, salesman
le marché, market
marcher, to walk; to work
mardi, Tuesday
le mari, husband
mars, March
le marteau (*pl* **marteaux**), hammer
le mât, pole
le matin, morning
la matinée, morning
mauvais(e), bad wrong
le médecin, doctor

m–p

la **Méditerranée**, Mediterranean
meilleur(e), better; best
le **membre**, member
même, same
— **si**, even if
quand —, even so; however
ménage, la femme de —, cleaning woman
faire le —, to do the housework
la **mer**, sea
au bord de la —, at the seaside
merci, thank you
mercredi, Wednesday
la **mère**, mother
à **merveille**, excellently
la **météo**, weather report
le **métier**, job, trade
mettre, to put (on); to switch on
— **à la poste**, to post
— **la table**, to lay the table
se — **à table**, to sit down at the table
se — **en route**, to set off
les **meubles**, m pl, furniture
midi, noon
le **Midi** (**de la France**), the South of France
mieux, better; best
aller —, to be, feel better
au **milieu de**, in the middle of
militaire, military
mille, a thousand
minuit, midnight
moderne, modern
le **moineau**, sparrow
moins, minus; less
au —, at least
le **mois**, month
la **moitié**, half
le **moment**, moment
en ce —, at the moment
à **ce** —, at this (that) moment
la **monnaie**, change
le **monsieur** (pl **messieurs**), gentleman
la **montagne**, mountain
monter, to go up; to get onto (cycle, etc.)
— **dessus**, to get on
la **montre**, watch
montrer, to show; to point out
se moquer de, to make fun of
le **morceau** (pl **morceaux**), lump; piece
les **mots croisés**, crossword
la **moto**, motor cycle
le **mouton**, sheep
municipal(e), municipal
le **mur**, wall
la **musique**, music
mystérieux; mystérieuse, mysterious

nager, to swim
la **nappe**, tablecloth
naturellement, of course
nécessaire, necessary
la **neige**, snow

la **boule de** —, snowball
neiger, to snow
n'est-ce pas? isn't that so? etc.
nettoyer, to clean
neuf, nine
neuf; neuve, new
le **nez**, nose
ni, nor
— **moi non plus**, nor (am) I, etc.
noir(e), black
le **nom**, name
non, no
le **nord**, north
nouveau; nouvelle, new
de nouveau, again
les **nouvelles**, f pl, news
novembre, November
la **nuit**, night
bonne —, good night

un **objet**, object
octobre, October
un **oeuf**, egg
offrir, to give, to offer
une **oie**, goose
un **oignon**, onion
à **l'ombre de**, in the shade of
une **omelette**, omelette
un **oncle**, uncle
un **orchestre**, orchestra
ou, or
— **bien**, or else
ou . . . **ou**, either . . . or
où (?), where (?)
— **ça?** where is it?
oublier, to forget
l'ouest, m, west
oui, yes
une **ouvreuse**, usherette
ouvrir, to open

la **paille**, straw
le **pain**, bread; loaf
la **paire**, pair
en paix, in peace
le **panier**, basket
panne, être en —, to be broken (down)
le **panneau**, notice
le **pantalon**, trousers
la **pantoufle**, slipper
papa, dad, daddy
le **papier**, paper
Pâques, Easter
le **paquet**, packet; parcel
par, by
— **le train**, by train
— **exemple**, for example
— **ici**, this way
le **parapluie**, umbrella
parce que, because
le **pardessus**, (man's) overcoat
les **parents**, m pl, parents, relations
paresseux; paresseuse, lazy
un(e) **Parisien(ne)**, Parisian
parler, to speak, to talk
la **partie**, game, match

partir, to leave
partout, everywhere
pas du tout, not at all
passer, to spend (time); to pass
se —, to happen
— **un examen**, to sit, take an examination
— **chez**, to call on
le **patin**, skate
patiner, to skate
pauvre, poor
payer, to pay, to pay for
le **paysan**, peasant
la **pêche**, peach; fishing
aller à la —, to go fishing
la canne à —, fishing rod
se peigner, to comb one's hair
pendant, during, for
la **pendule**, clock
penser (à), to think (of)
perdre, to lose
le **père**, father
permettre, to allow
le **permis de conduire**, driving licence
la **personne**, person
(**ne**) . . . **personne**, no-one, nobody
les **grandes** —s, grownups
la **perte**, waste
la **pétanque**, pétanque (a game of bowls)
petit(e), small, little
le — **déjeuner**, breakfast
un **peu** (**de**), a little
peut-être, perhaps
la **photo**, photograph
prendre des —s, to take photographs
la **photographie**, photography
la **phrase**, sentence
la **pièce**, play
le **pied**, foot
à —, on foot
ping-pong, **jouer au** —, to play table tennis
le **pique-nique**, picnic
le **piquet**, peg
la **piscine**, swimming pool
le **placard**, cupboard
la **place**, square; place
de la —, some room
la **plage**, beach
le **plancher**, floor
plein(e) (**de**), full (of)
en — **air**, in the open air
faire le — **d'essence**, to fill up with petrol
il pleut, it is raining
il — **à verse**, it is pouring with rain
pleuvoir, to rain
la **pluie**, rain
de plus, moreover
ne . . . **plus**, no more; no longer
— **tard**, later
non —, neither, either
la **poche**, pocket

143

la poêle, frying pan
la poire, pear
pois, les petits —, peas
le poisson, fish
le poivre, pepper
le policier, police officer
la pomme, apple
la pomme de terre, potato
la pompe, pump
le pont, bridge
la porte, door
le portefeuille, wallet; notecase
porter, to carry; to wear
poser, to put (down)
  — des questions, to ask questions
postale, la carte —, postcard
le poste, (radio, T.V.) set
  le — de police, police station
la Poste, post office
  mettre à la poste, to post
le poulet, chicken
la poupée, doll
pour, for; in order to
pourquoi? why?
  voilà —, that is why
  — (ne) pas, why not
pousser, to push
pouvoir, to be able (can)
  elle n'en peut plus, she is at her wit's end; worn out
préféré(e), favourite
préférer, to prefer
premier; première, first
prendre, to take; to drink
  — garde, to take care
  — des photos, to take photographs
préparer, to prepare
près de, near to
  tout —, quite close to
présenter, to present
presque, almost
pressé(e), être —, to be in a hurry
prêt(e), ready
prêter, to lend
prévoir, to specify
le printemps, spring
  au —, in spring
en prison, in prison
le prix, prize; price
prochain(e), next
le professeur, teacher
le projet, plan, project
promenade, faire une —, to go for a walk
  faire une — en voiture, to go for a drive
  faire une — en vélo, to go for a cycle ride
  faire une — en bateau, to take a boat trip
se promener, to walk; to go for a walk
promettre, to promise
proposer, to suggest
propre, clean

les provisions, f pl, groceries
avec prudence, carefully
public; publique, public
puis, then
puisque, since
le pull-over, pullover
punir, to punish
le pupitre, desk

le quai, platform
  les —s de la Seine, the banks of the Seine
quand, when
  — même, however; even so
le quart, quarter
  un — d'heure, a quarter of an hour
quatorze, fourteen
quatre, four
ne...que, only
quel; quelle? what?
quelque chose, something
quelquefois, sometimes
quelqu'un, someone
quelques(-uns), some, a few
quitter, to leave
quoi? what?
  il n'y a pas de —, not at all; don't mention it

raconter, to tell
raison, avoir —, to be right
ranger, to arrange; to tidy
la raquette de tennis, tennis raquet
se raser, to shave
le rasoir, razor
le receveur, bus conductor
recevoir, to receive
le réchaud, stove
recommencer, to begin again
se recoucher, to go back to bed
le réfrigérateur, refrigerator
regarder, to look (at)
je regrette, I'm sorry
rejoindre, to join
relancer, to throw back
remarquer, to notice
remercier, to thank
remettre, to put back
remplacer, to replace
remplir, to fill
rencontrer, to meet
le rendez-vous, appointment, meeting
rendre, to give back
la rentrée, return (to school)
rentrer, to return
renverser, to overturn
les réparations, f pl, repairs
réparer, to repair
repartir, to set off again
le repas, meal
répéter, to repeat
répondre, to reply
la réponse, reply, answer
se reposer, to rest
reprendre, to collect

rester, to stay, to remain
  — au lit, to stay in bed
en retard, late
retourner, to return, to turn
retrouver, to meet
réussi(e), successful
réussir, to succeed, to pass (an examination)
le réveil, alarm-clock
(se) réveiller, to wake up
revenir, to come back
revoir, to see again
  au —, good-bye
le revolver, revolver
le rideau (pl **rideaux**), curtain
rien, ne . . . rien, nothing
la rivière, river
la robe, dress
le roman, novel
rouge, red
le rosé, rosé (wine)
rouler, to drive (along)
la route, road
  la grande —, main road
  en — pour, on the way to
  se mettre en —, to set off
la rue, street

le sac, bag, handbag
la salade, lettuce
sale, dirty
salir, to dirty
salle, la — de classe, classroom
  la grande —, main hall
  la — de bain(s), bathroom
  la — à manger, dining room
  la — commune, common room
le salon, living room
salut! hello!
samedi, Saturday
sans, without
  — doute, no doubt
la santé, health
sauf, except
savoir, to know
scolaire, school (adj.)
en scooter, by scooter
le seau, bucket
sec; sèche, dry
au secours! help!
le sel, salt
la semaine, week
sembler, to seem
sensationnel(le), sensational
se sentir mal, to feel ill
sept, seven
septembre, September
la serre, greenhouse
service, qu'y a-t-il pour votre —? can I help you?
la serviette, towel; briefcase
servir, to serve
seul(e), alone, single
seulement, only
si, if; yes (contradictory); so
s'il te plaît, please
s'il vous plaît, please
le singe, monkey